westermann

Claudia Charfreitag, Jörn Menne, Ingo Schaub, Christian Schmidt

Herausgeber: Jörn Menne, Ingo Schaub, Christian Schmidt

Ausbildung im Einzelhandel

Band 2

Arbeitsheft

6. Auflage

Bestellnummer 31140

Die in diesem Produkt gemachten Angaben zu Unternehmen (Namen, Internet- und E-Mail-Adressen, Handelsregistereintragungen, Bankverbindungen, Steuer-, Telefon- und Faxnummern und alle weiteren Angaben) sind i. d. R. fiktiv, d. h., sie stehen in keinem Zusammenhang mit einem real existierenden Unternehmen in der dargestellten oder einer ähnlichen Form. Dies gilt auch für alle Kunden, Lieferanten und sonstigen Geschäftspartner der Unternehmen wie z. B. Kreditinstitute, Versicherungsunternehmen und andere Dienstleistungsunternehmen. Ausschließlich zum Zwecke der Authentizität werden die Namen real existierender Unternehmen und z. B. im Fall von Kreditinstituten auch deren IBANs und BICs verwendet.

westermann GRUPPE

Druck und Bindung: Westermann Druck GmbH, Braunschweig

ISBN 978-3-427-31140-9

Vorwort

Das vorliegende **Arbeitsheft** ist eine ideale Ergänzung zu der entsprechenden Lehrbuchreihe – es kann aber auch mit anderen Büchern eingesetzt werden. Es bildet die Anforderungen des veränderten Rahmenlehrplans von 2017 ab und unterstützt die Schülerinnen und Schüler bei der Vorbereitung auf die Zwischen- und Abschlussprüfung:

- Die Umsetzung des problem- und handlungsorientierten Unterrichts mit **Lernsituationen** wird erheblich erleichtert: Ausgewählte Einstiegssituationen aus dem Lehrbuch werden aufgenommen, durch zusätzliche Arbeitsaufträge und methodische Hinweise ergänzt und in eine klare unterrichtliche Struktur überführt. So wird das vom Lehrplan geforderte Lernen in vollständigen Lernhandlungen gestützt und die Ausarbeitung der didaktischen Jahresplanung erleichtert.

- Durch anregende **Übungen** zu zentralen Begriffen und Zusammenhängen des jeweiligen Lernfeldes erhalten die Schülerinnen und Schüler ergänzend zum Lehrbuch zahlreiche Möglichkeiten ihr neu erworbenes Wissen anzuwenden und zu festigen.

- **Prüfungsorientierte Aufgaben**, in denen die für die Zwischen- und Abschlussprüfung geforderten Inhalte in der für die Prüfungen typischen Form abgefragt werden, runden die Unterrichts- und Lernhilfe ab.

Mit dem Arbeitsheft wird die häufig so schwierige **Dokumentation** von Lern- und Arbeitsergebnissen sichergestellt, sodass die **individuelle Lernberatung** und die **Leistungsbewertung** nach Phasen **selbstständigen Lernens** erleichtert wird.

Hinweis zur Nutzung des Arbeitsbuches

Bei den **Lernsituationen** finden die Nutzerinnen und Nutzer des Arbeitsbuches Symbole, die eine Empfehlung hinsichtlich einer geeigneten **Sozialform** darstellen:

Einzelarbeit

Partnerarbeit

Gruppenarbeit

zunächst Einzel-, dann Partnerarbeit

zunächst Partner-, dann Gruppenarbeit

Die **Farben** unterscheiden sich nach der jeweiligen Phase der Lernhandlung.

Im Arbeitsbuch finden Sie QR-Codes vor, die Lern- und Arbeitshilfen oder auch ergänzende Anregungen enthalten. Mit Ihrem Smartphone oder Tablet sowie einer QR-Code Scanner-App können Sie die Informationen einfach abrufen.

Inhaltsverzeichnis

LERNFELD 6

Waren beschaffen

Lernsituation 1: Sie treffen sortimentspolitische Entscheidungen als Vorbereitung zur Warenbeschaffung

Mehmet Aydin, Auszubildender beim Mars Elektrofachmarkt e. K., arbeitet zurzeit in der Abteilung „Weiße Ware“. Die zuständige Abteilungsleiterin, Nicole Orth, hat heute eine ganz besondere Aufgabe für ihn.

Frau Orth: *„Du bist ja nun schon über ein Jahr bei uns, Mehmet, da wird es Zeit, dass du mal einen Blick „hinter die Kulissen“ wirfst und dir anschaust, auf welcher Basis wir sortimentspolitische Entscheidungen treffen. Denn welche Waren du hier täglich in die Regale einräumst und an die Kunden verkaufst, das ist ja kein Werk des Zufalls, sondern das Ergebnis einer exakten Planung.“*

Mehmet: *„Das klingt sehr interessant, was soll ich tun?“*

Frau Orth: *„Du kannst mir helfen, diese Listen auszuwerten, die ich mir heute Morgen aus unserem Warenwirtschaftssystem habe ausdrucken lassen. Wir müssen nämlich die Sortimentsplanung für das nächste Jahr in Angriff nehmen.“*

Mehmet: (wirft einen Blick auf die Computerausdrucke, die Frau Orth ihm entgegenhält) *„Oh je, das sind ja Hunderte von Zahlen, wie soll man denn da irgendetwas erkennen?“*

Frau Orth: *„Tja, Mehmet, unsere nicht ganz einfache Aufgabe besteht jetzt darin, aus diesen Daten die Trends für die Zukunft abzuleiten. Z.B. hier haben wir die Artikelgruppe Toaster, damit können wir beginnen ...“*

Rennerliste nach Warengruppen – Haushaltsgeräte – Toaster: 01.01.20.. – 30.06.20..:

Art.-Nr.	Bezeichnung	Bezugspreis in €	Bruttoverkaufspreis in €	Umsatz in €	Absatz Stück aktuelles Halbjahr	Absatz Stück voriges Halbjahr
89023	Ph5ilip „KA 2“	45,00	59,90	5570,70	93	96
89007	Siemes „New Age”	56,40	99,00	9009,00	91	79
89022	Philip „C 53“	33,00	54,90	4501,80	82	92
89020	Philip „XXL“	18,00	29,90	2093,00	70	--
89004	Ines „Lady“	21,00	29,90	1883,70	63	112
89008	Siemes „Porsche“	92,00	159,00	9858,00	62	60
89021	Philip „CC 17“	27,00	44,90	2379,70	53	56
89025	Philip „BT 5”	24,00	39,90	1795,50	45	57
89001	Ines „Sunny“	14,00	19,99	879,56	44	52
89002	Ines „Sweet“	17,50	24,99	749,70	30	55
89003	Ines „Standard“	14,00	19,99	579,71	29	34
Summen				**39300,37**	**662**	**693**

Fehl- und Nichtverkaufskontrolle nach Warengruppen – Haushaltsgeräte – Toaster: 01.01.20.. – 30.06.20..:

Datum	Verkäufer	Artikel	Fehlverkauf/Ursache	Nichtverkauf
07.01.20..	Orth	Philip „C 53“	Verspätete Bestellung	
20.01.20..	Beuth			Toaster Firma „Morris“
29.01.20..	Beumers			
05.02.20..	Beumers			Siemes „Starlight”
17.02.20..	Esser	Philip „XXL“	Lieferengpass wg. hoher Nachfrage	
18.02.20..	Steger	Philip „XXL“	Lieferengpass wg. hoher Nachfrage	
20.02.20..	Esser	Philip „XXL“	Lieferengpass wg. hoher Nachfrage	
15.03.20..	Beuth			Toaster Firma „Morris“
24.03.20..	Topal			Toaster Firma „Morris“
27.03.20..	Orth	Siemes „New Age“	Unerwartet hohe Abverkäufe	
01.04.20..	Orth			Siemes „Starlight”

Beschreibung und Analyse der Situation

Analysieren Sie das vorliegende Datenmaterial unter Berücksichtigung der folgenden Fragestellungen:

Wie hat sich der Verkauf der verschiedenen Toaster sowie der Artikelgruppe insgesamt in der Vergangenheit entwickelt?
Welche Rückschlüsse können daraus für die Zukunft gezogen werden?
Welche Artikel sind für den Einzelhandel besonders attraktiv, d.h. bei welchen Artikeln ist die Differenz zwischen Einkaufspreis und Verkaufspreis besonders hoch?
Lassen sich möglicherweise Artikelgruppen bilden, die in der Zukunft verstärkt oder in geringerer Anzahl eingekauft bzw. neu in das Sortiment aufgenommen oder ganz ausgelistet werden sollten?

Planen und Durchführen

a) Stellen Sie mithilfe des Lehrbuches fest, welche grundsätzlichen Maßnahmen zur Sortimentsveränderung dem Einzelhändler zur Verfügung stehen, und halten Sie diese stichwortartig fest.

b) Treffen Sie auf der Grundlage des vorliegenden Datenmaterials und der Informationen aus dem Lehrerhandbuch begründete, sortimentspolitische Entscheidungen für den Mars Elektrofachmarkt e. K.

Bewerten

Stellen Sie Ihre Überlegungen anstelle von Frau Orth im Rahmen einer Besprechung der Geschäftsleitung vor. Die Geschäftsleitung wird dabei von einer Mitschülerin, einem Mitschüler aus einer anderen Gruppe übernommen. Die Beobachter notieren die für sinnvoll befundenen Sortimentsentscheidungen auf Karteikarten (Rollenspiel, anschließend Unterrichtsgespräch).

Lernergebnisse sichern

Überarbeiten Sie Ihren Maßnahmenkatalog, indem Sie die auf den Karteikarten festgehaltenen Sortimentsentscheidungen in Ihre Überlegungen einbeziehen.

Übung 1.1: Mengenplanung

Bei der Mengenplanung wird entschieden, **wie viel** eingekauft werden soll. Eine exakte Schätzung des Bedarfs ist schwierig, denn es kann nie mit Sicherheit vorhergesagt werden, wie viel Stück von einem Artikel im Laufe des nächsten Jahres verkauft werden. Dem Einzelhändler stehen bei der Festlegung von Beschaffungsmengen zwei grundsätzliche Möglichkeiten zur Verfügung:

- **große Mengen in großen Zeitabständen** oder
- **kleine Mengen in kleinen Zeitabständen** zu bestellen.

a) Ergänzen Sie die fehlenden Begriffe in der Übersicht.

Es wird selten, aber in großen Mengen bestellt:

Vorteil ______________________ Nachteil ______________________

Es wird oft, aber in kleinen Mengen bestellt:

Nachteil ______________________ Vorteil ______________________

Bestellkosten:	**Lagerkosten:**
______________________	______________________
______________________	______________________
______________________	______________________
______________________	______________________

Diesen Zielkonflikt löst der Einzelhändler, indem er die **optimale Bestellmenge** berechnet.

b) Berechnen Sie die optimale Bestellmenge.
In der Center Warenhaus GmbH betragen die Bestellkosten für Bettwäsche 40,00 € je Bestellung, unabhängig davon, wie viel bestellt wird. An Lagerkosten fallen 0,30 € je Wäscheset an. Es sollen innerhalb eines Jahres 1 200 Bettwäschegarnituren bestellt werden.

Anzahl der Bestellungen	Bestellmenge	Ø Lagerbestand	Lagerhaltungskosten in €	Bestellkosten in €	Gesamtkosten in €
1	1 200				
2					
3					
4					
5					

Die optimale Bestellmenge liegt bei ________ Stück.

Dort entstehen mit __________ € die niedrigsten Gesamtkosten.

Übung 1.2: Zeitplanung – Bestellrhythmusverfahren

a) Vervollständigen Sie den Lückentext mit den folgenden Begriffen: Grundnahrungsmittel (Frischmilch, Butter)/optimalen Bestellmenge/Kosmetikartikel (Zahncreme, Duschgel)/die Absatzmengen nur geringen Schwankungen unterworfen sind.

Das Bestellrhythmusverfahren
Die Bestellung erfolgt zu bestimmten, vorher festgelegten Terminen, die Liefertermine wiederholen sich periodisch. Die Festlegung der Termine kann z. B. mithilfe der vorher zu ermittelnden ____________

____________________ vorgenommen werden.

Dieses Verfahren eignet sich besonders, wenn ______________________________

______________________.

Beispiele: ______________________________

____

b) Listen Sie auf, für welche Waren in Ihrem Ausbildungssortiment die Anwendung des Bestellrhythmusverfahrens geeignet erscheint.

____

____

____

Übung 1.3: Zeitplanung – Bestellpunktverfahren I

Das häufig angewandte Bestellpunktverfahren wird durch die Verbrauchsmengen gesteuert. Eine Bestellung wird jedes Mal ausgelöst, wenn der Lagerbestand des Artikels gerade noch ausreicht, um den während der Beschaffungszeit zu erwartenden Bedarf zu decken. Dazu wird der Bestand eines Artikels mithilfe des Warenwirtschaftssystems nach jedem Verkauf geprüft.

Anhand der folgenden Formel lässt sich die Bestandsmenge berechnen, die eine Bestellung auslösen muss:

Meldebestand = ______________________________

1. In der Center Warenhaus GmbH werden alle Artikel in Artikeldateien entsprechend der Abbildung im Warenwirtschaftssystem erfasst:

Artikelnummer	05/27831
Artikelbezeichnung	**Küchenmaschinen „Fix-mix“**
Einheit	1 Stück
Lieferer	Elektrogroßhandel Jahn GmbH Bussardstr. 20, 85166 Gräfelfing
Lieferzeit	6 Tage
Mindestbestand	25 Stück
Höchstbestand	175 Stück
Meldebestand	

a) Berechnen Sie den Meldebestand bei einem durchschnittlichen Tagesabsatz von sechs Küchenmaschinen.

b) Durch eine Hochwasserkatastrophe kommt es zu einer Lieferstörung, deren Zeitdauer nicht absehbar ist. Wie viele Tage kann die Center Warenhaus GmbH mit dem Mindestbestand die Verkaufsbereitschaft aufrechterhalten?

2. Der durchschnittliche Tagesabsatz für HDMI-Kabel liegt im Mars Elektrofachmarkt e. K. bei 60 Stück. Die Beschaffungszeit beträgt 14 Tage.

a) Bei welchem Lagerbestand muss der Mars Elektrofachmarkt e. K. bestellen, damit er bis zum Eintreffen der Ware lieferfähig ist, wenn **kein** Mindestbestand berücksichtigt wird?

b) Nach der Bestellung erfährt der Mars Elektrofachmarkt e. K., dass sich die Lieferung um acht Tage verzögert. Wie viele Tage wird er nun nicht verkaufsbereit sein?

c) Aus dieser Situation hat der Mars Elektrofachmarkt e. K. gelernt. Sammeln Sie mögliche Einflussgrößen, die bei der Festlegung eines Mindestbestandes berücksichtigt werden sollten, und unterbreiten Sie einen begründeten Vorschlag für den zukünftigen Mindestbestand.

Übung 1.4: Zeitplanung – Bestellpunktverfahren II

Die Lebensmitteldiscount Schlegel KG verkauft durchschnittlich 50 Flaschen Orangensaft pro Tag. Die Lieferzeit beträgt vier Tage. Auf der Grundlage von Erfahrungswerten wurde der Mindestbestand bei 150 Stück festgelegt. Nach Ermittlung des günstigsten Bezugspreises sowie der Bestell- und Lagerkosten wurde eine optimale Bestellmenge von 1 000 Flaschen ermittelt.

a) Stellen Sie fest, bei welcher Bestandsmenge eine Bestellung ausgelöst werden muss.

b) Ermitteln Sie den Höchstbestand.

c) Tragen Sie den Mindest- und Meldebestand sowie den Höchstbestand in die nachfolgende grafische Darstellung ein.

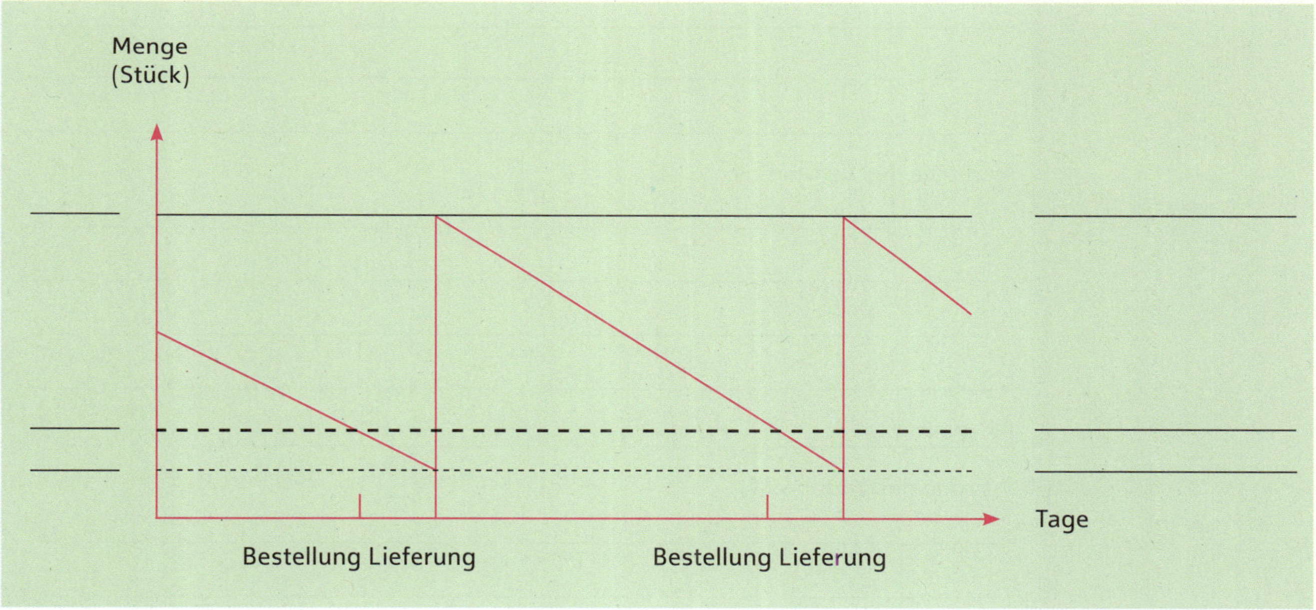

d) Bei der Lebensmitteldiscount Schlegel KG ist folgender Fehler passiert: Erst bei Erreichen des Mindestbestandes wurde eine Bestellung vorgenommen. Beschreiben Sie die Konsequenzen, die sich aus diesem Fehler ergeben.

Übung 1.5: Zeitplanung – Vergleich der drei möglichen Verfahren

Vergleichen Sie die drei Verfahren zur zeitlichen Planung der Warenbeschaffung miteinander, indem Sie Vorzüge und Nachteile der Bestellverfahren einander gegenüberstellen.
Fügen Sie anschließend jeweils beispielhaft einen Artikel aus Ihrem Ausbildungssortiment an, für den das jeweilige Bestellverfahren geeignet erscheint.

Bestellpunktverfahren	Vorzüge des Verfahrens:
	Nachteile des Verfahrens:
	Beispiel:
Bestellrhythmusverfahren	Vorzüge des Verfahrens:
	Nachteile des Verfahrens:
	Beispiel:
Just-in-time-Verfahren	Vorzüge des Verfahrens:
	Nachteile des Verfahrens:
	Beispiel:

Übung 1.6: Bezugsquellenermittlung

Wo bestelle ich die Ware?	
Interne Informationsquellen	Externe Informationsquellen
______________________	______________________
______________________	______________________
______________________	______________________
______________________	______________________
______________________	______________________
______________________	______________________
	______________________
	______________________

Welche Beurteilungskriterien lege ich für die Lieferantenauswahl zugrunde?
____
____
____
____
____
____
____
____
____

Lernsituation 2: Sie formulieren eine Anfrage an einen Lieferer

In der Einkaufsabteilung der Center Warenhaus GmbH tritt folgendes Problem auf:
Der bisherige Lieferant für **Fleisch- und Wurstwaren** wird seinen Geschäftsbetrieb im nächsten Monat einstellen. Nun muss die Center Warenhaus GmbH kurzfristig einen neuen Lieferanten ausfindig machen. Diese wichtige Aufgabe übernimmt die für den Lebensmitteleinkauf zuständige Mitarbeiterin Renate Öztürk. Die Auszubildende Sabine Freund – mittlerweile im zweiten Ausbildungsjahr – arbeitet für einen Zeitraum von vier Wochen bei Frau Öztürk in der Einkaufsabteilung. Deshalb erhält Sabine den Auftrag, in den einschlägigen Verzeichnissen nach neuen Bezugsquellen zu suchen. Am Ende ihrer Recherche hat Sabine unter anderem folgende potenzielle Lieferanten ausfindig gemacht:

1. In der betriebsinternen Liefererdatei stößt Sabine auf ein Unternehmen, von dem die Center Warenhaus GmbH bereits andere Lebensmittel bezieht.

SCHMITZ KG
Wurstwaren
Lilienweg 2
33758 Schloss Holte-Stukenbrock
Tel.: 03527 48567
Fax: 03527 48569
E-Mail: Verkauf@SchmitzKG.de

2. Bei ihrer Internetrecherche fällt Sabine der folgende Großhändler besonders durch seine überaus ansprechende Präsentation auf.

Fleisch- und Wursthandel Lehnen GmbH
Liebigstr. 3
60313 Frankfurt
Tel.: 06723 23577-0
Fax.: 06723 235826
E-Mail: info@Wursthandel-Lehnen.de

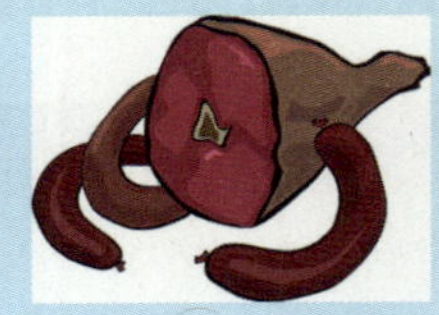

3. Durch eine Anzeige in einer Lebensmittelfachzeitschrift wird Sabine auf ein Unternehmen aufmerksam, das ganz in der Nähe des EKZ Rheinpark seinen Firmensitz hat.

Metzgerei Großhandel AG
Kardinal-von-Gahlen-Str. 50–54
50354 Hürth
Tel.: 02233 727230
Fax.: 02233 1485020
E-Mail: Metzgerei-Großhandel@Mail.de

Frau Öztürk ist mit Sabines Arbeitsergebnis sehr zufrieden und erteilt ihr deshalb auch den Folgeauftrag, die Anfrage an die drei infrage kommenden Lieferanten zu formulieren.

„*Mal sehen*“, denkt Sabine, „*... eine Anfrage schreiben, was muss ich denn da alles beachten?*“

Beschreibung und Analyse der Situation

Machen Sie sich Sabines Auftrag zu eigen und planen Sie Ihr Vorgehen. Welche Arbeitsschritte fallen bei der Lösung der Aufgabenstellung an? Welche weiteren Informationen benötigen Sie?

Planen und Durchführen

Entwerfen Sie einen Text für eine **schriftliche, bestimmte Anfrage**.

Folgender Artikel soll angefragt werden:
Ganze Schinkenfleischwurst 500 g, 200 Stück

Übertragen Sie Ihren Text in die vorgegebene E-Mail-Maske und richten Sie Ihre Anfrage an einen der drei genannten Lieferanten.

Die Anfrage – Beispiele für Formulierungen

Eine Anfrage besteht aus:

Einleitung → Woher stammt die Information/Adresse des anzuschreibenden Unternehmens?

- Durch eine Internetrecherche sind wir auf Ihr Unternehmen aufmerksam geworden.

Begründung des Interesses

- Aufgrund verstärkter Kundennachfrage ...

Gewünschte Ware

- Senden Sie uns bitte in den nächsten Tagen ein verbindliches Angebot für ...
- Deshalb möchten wir unser Sortiment um ... erweitern.

Erkundigung nach Preis/Lieferbedingungen/ Lieferzeiten usw.

- Wir bitten um Ihr Angebot unter Angabe Ihrer Zahlungs- und Lieferungsbedingungen bis ...

Schlussformel

- Wenn Ihr Angebot unseren Vorstellungen entspricht, dann ...

Tauschen Sie die Mitglieder der Arbeitsgruppen vollständig aus, so dass in den neu entstehenden Gruppen jeder aus einer anderen Ursprungsgruppe stammt.

Bewerten

Gehen Sie mit einer anderen Gruppe zusammen und bilden Sie aus dieser Gruppe wieder zwei neue Gruppen, in denen sich jeweils Vertreterinnen/Vertreter der alten Gruppen befinden Stellen Sie sich nun gegenseitig Ihre Arbeitsergebnisse vor. Diskutieren Sie die formale (DIN-Norm, Rechtschreibung) sowie die inhaltliche Richtigkeit Ihrer Anfragen und überarbeiten diese, falls notwendig.

Übung 2.1: Die Inhalte des Angebotes – Übersicht

Im Lehrbuch finden Sie auf den Seiten 66 bis 76 Informationen zu den „Inhalten des Angebotes". Fassen Sie die wesentlichen Aussagen in der nachfolgenden Übersicht stichwortartig zusammen.

	Gesetzliche Regelung	Vertragliche Regelungen
Art, Beschaffenheit und Güte der Ware →	mittlere Art und Güte	• nach Augenschein • Güteklassen • Abbildungen und Beschreibungen • nach Probe
Lieferzeit →		
Zahlungsbedingungen →		

	Gesetzliche Regelung	Vertragliche Regelungen
Verpackungskosten →		
Lieferbedingungen →		
Menge →		
Preisabzüge →		

Übung 2.2: Rabattarten

Entscheiden Sie, um welche Rabattart es sich jeweils handelt:

Dreingabe – Einführungsrabatt – Draufgabe – Bonus – Wiederverkäuferrabatt – Mengenrabatt

Aussage	Rabattart
a) „Messeneuheit! Bis zum 01.06. um 10 % preisreduziert!“	
b) „Der Preisnachlass für Händler beläuft sich auf 40 % vom empfohlenen Verkaufspreis.“	
c) „Bei Abnahme von mind. 50 Stück erhalten Sie 5 Stück gratis dazu.“	
d) „Bei Mindestabnahme von 80 kg gewähren wir 8% Rabatt.“	
e) „Bei Abnahme von mindestens 100 Stück berechnen wir Ihnen nur 90 Stück.“	
f) „Bei einem Jahresumsatz von mehr als 100.000,00 € gewähren wir Ihnen einen einmaligen Nachlass in Höhe von 5 % des Jahresumsatzes.“	

Übung 2.3: Anpreisung und Angebot

Handelt es sich in den folgenden Fällen um eine **Anpreisung** oder um ein **Angebot**? Begründen Sie Ihre Entscheidung.

Schaufenster 	
Verkaufsgespräch 	

Angebotsbrief

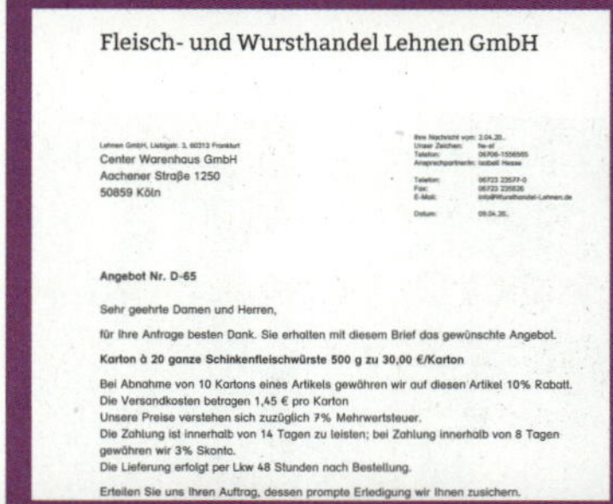
Fleisch- und Wursthandel Lehnen GmbH

Lehnen GmbH, Liebigstr. 3, 60313 Frankfurt
Center Warenhaus GmbH
Aachener Straße 1250
50859 Köln

Ihre Nachricht vom: 2.04.20..
Unser Zeichen: he-af
Telefon: 06706-1556565
Ansprechpartner/in: Isabell Hesse

Telefon: 06723 22577-0
Fax: 06723 225826
E-Mail: info@Wursthandel-Lehnen.de

Datum: 09.04.20..

Angebot Nr. D-65

Sehr geehrte Damen und Herren,

für Ihre Anfrage besten Dank. Sie erhalten mit diesem Brief das gewünschte Angebot.

Karton à 20 ganze Schinkenfleischwürste 500 g zu 30,00 €/Karton

Bei Abnahme von 10 Kartons eines Artikels gewähren wir auf diesen Artikel 10% Rabatt.
Die Versandkosten betragen 1,45 € pro Karton
Unsere Preise verstehen sich zuzüglich 7% Mehrwertsteuer.
Die Zahlung ist innerhalb von 14 Tagen zu leisten; bei Zahlung innerhalb von 8 Tagen gewähren wir 3% Skonto.
Die Lieferung erfolgt per Lkw 48 Stunden nach Bestellung.

Erteilen Sie uns Ihren Auftrag, dessen prompte Erledigung wir Ihnen zusichern.

Waren im Regal

Werbeprospekt

Angebote im Internet

Lernsituation 3: Sie vergleichen die Angebote verschiedener Lieferanten

In der Einkaufsabteilung der Center Warenhaus GmbH treffen die Mails mit den Angeboten der Lieferfirmen ein. Nachdem Sabine die an die Mails angehängten Angebotsbriefe ausgedruckt und gelesen hat, ist sie ratlos. *„Wie sollen wir bei dieser Menge unterschiedlicher Angaben eine Entscheidung treffen?“* Frau Öztürk lacht und beruhigt Sabine: *„Das ist gar nicht so schwer, wie es jetzt aussieht. Wir führen einfach einen Angebotsvergleich durch. Ich zeige dir, wie das geht ...“*

Angebot 1

SCHMITZ KG
Wurstwaren

Schmitz Wurstwaren KG, Lilienweg. 2, 33758 Schloss Holte-Stukenbrock
Center Warenhaus GmbH
Aachener Straße 1250
50859 Köln

Ihr Zeichen:
Ihre Nachricht vom:
Unser Zeichen: bo-wr
Unsere Nachricht vom: 28.03.20..

Telefon: 03527 48567004
Ansprechpartner/in: Bollmann

Datum: 09.04.20..

Angebot 1334/Cbo

Sehr geehrte Damen und Herren,

besten Dank für Ihre Zuschrift. Hier das gewünschte Angebot:

Karton à 20 ganze Schinkenfleischwürste 500 g zu 26,00 €/Karton

Unsere Rabatte staffeln sich wie folgt:
- Abnahmemenge 10 Kartons 5% Rabatt
- Abnahmemenge 20 Kartons 10% Rabatt

Die Versandkosten belaufen sich auf 1,50 € je Karton.
Die Preise verstehen sich zuzüglich 7% Mehrwertsteuer.
Die Zahlung ist innerhalb von 45 Tagen zu leisten.
Bei Zahlung innerhalb von 10 Tagen gewähren wir 2% Skonto.
Die Lieferung erfolgt per Lkw sofort nach Bestellung.

Ermöglichen Sie es uns, Sie von unserer Leistung zu überzeugen.
Bitte erteilen Sie uns Ihren Auftrag.

Mit freundlichen Grüßen

Schmitz Wurstwaren

i. A. *Bollmann*

Bollmann

Bankverbindung
Postbank Münster

IBAN DE48 1001 0010 0810 1234 17
BIC PBMUDE44DXXX

Komplementär
Robert Schmitz

USt-IdNr.: DE234516601
Steuernummer: 244/3154/6377

Handelsregister
Amtsgericht Münster
HR A 71002

Angebot 2

Fleisch- und Wursthandel Lehnen GmbH

Lehnen GmbH, Liebigstr. 3, 60313 Frankfurt
Center Warenhaus GmbH
Aachener Straße 1250
50859 Köln

Ihre Nachricht vom: 2.04.20..
Unser Zeichen: he-st
Telefon: 06706-1556565
Ansprechpartner/in: Isabell Hesse

Telefon: 06723 23577-0
Fax: 06723 235826
E-Mail: info@Wursthandel-Lehnen.de

Datum: 09.04.20..

Angebot Nr. D-65

Sehr geehrte Damen und Herren,

für Ihre Anfrage besten Dank. Sie erhalten mit diesem Brief das gewünschte Angebot.

Karton à 20 ganze Schinkenfleischwürste 500 g zu 30,00 €/Karton

Bei Abnahme von 10 Kartons eines Artikels gewähren wir auf diesen Artikel 10 % Rabatt.
Die Versandkosten betragen 1,45 € pro Karton
Unsere Preise verstehen sich zuzüglich 7 % Mehrwertsteuer.
Die Zahlung ist innerhalb von 14 Tagen zu leisten; bei Zahlung innerhalb von 8 Tagen gewähren wir 3 % Skonto.
Die Lieferung erfolgt per Lkw 48 Stunden nach Bestellung.

Erteilen Sie uns Ihren Auftrag, dessen prompte Erledigung wir Ihnen zusichern.

Mit freundlichen Grüßen

Fleisch- und Wurstwaren Lehnen GmbH

i. A. *Hesse*

Hesse

Bankverbindung
Postbank Frankfurt
IBAN DE55 5001 0060 0000 8118 57
BIC PBFRDE37AXXX
UST-IdNr.: DE253779101
Steuernummer: 228/1622/4258

Geschäftsführer
Werner Waltermann

Handelsregister
Amtsgericht
Frankfurt
HR B 343

Angebot 3

Metzgerei Großhandel AG

Metzgerei Großhandel AG, Kardinal-von-Gahlen-Str. 50–54
Center Warenhaus GmbH
Aachener Straße 1250
50859 Köln

Ihre Nachricht vom: 02.04.20..
Unsere Nachricht vom: 04.04.20..

Telefon: 02233 727230
Fax: 02233 1485020
Name: Jansen

Datum: 09.04.20..

Angebot 23-09

Sehr geehrte Damen und Herren,

für Ihre Anfrage besten Dank. Sie erhalten mit diesem Brief das gewünschte Angebot:

Karton à 25 ganze Schinkenfleischwürste 500 g zu 33,00 €/Karton

Die Preise verstehen sich netto einschließlich Verpackung und zuzüglich 7 % Mehrwertsteuer.
Die Zahlung ist innerhalb von 40 Tagen zu leisten; bei Zahlung innerhalb von 14 Tagen gewähren wir 3 % Skonto.
Die Lieferung erfolgt per Lkw unverzüglich nach Bestellungseingang frei Haus.

Ihren Auftrag werden wir sorgfältig ausführen.

Mit freundlichen Grüßen

Metzgerei Großhandel AG

i. A. *Jansen*

Jansen

Bankverbindung
Stadtsparkasse Köln
IBAN DE74 2805 0100 0281 0092 72
BIC SPKODE73CXXX

Aufsichtsratsvorsitz:
Fiete Brewer
Geschäftsführer:
Karl Dallmann
USt-IdNr.: DE227607699
Steuernummer: 227/1209/1623

Handelsregister
Amtsgericht
Köln
HR B 72006

Beschreibung und Analyse der Situation

Nachdem Sie die Angebotsbriefe gelesen haben, planen Sie die Arbeitsschritte, die bei der Lösung der Aufgabenstellung anfallen.

Legen Sie nun Kriterien fest, mit deren Hilfe die vorliegenden Angebote verglichen werden können.

Planen und Durchführen

Führen Sie für die vorliegenden Angebote im ersten Schritt einen quantitativen Angebotsvergleich durch und ermitteln Sie die Bezugspreise.

Bezugspreiskalkulation	**Angebot 1** *Schmitz Wurstwaren KG*	**Angebot 2** *Fleisch- und Wurstwaren Lehnen GmbH*	**Angebot 3** *Metzgerei Großhandel AG*
Stückzahl	200	200	200
Listeneinkaufspreis			
= Zieleinkaufspreis			
= Bareinkaufspreis			
Bezugs-/ Einstandspreis			
Bezugspreis pro Fleischwurst			

Neben dem Bezugspreis sollten andere, von Ihnen bereits benannte Kriterien zur Entscheidungsfindung herangezogen werden. Daher werten Sie im nächsten Arbeitsschritt sowohl die vorliegenden Angebote als auch folgende Ihnen zur Verfügung stehende Informationen zu den einzelnen Lieferern aus.

Lieferantenstammkarte Schmitz KG:

Bemerkungen	
Qualität	Lieferant für Rind- und Schweinefleisch: Qualität gut
Lieferzuverlässigkeit	Gelegentlich nur Teillieferung Nachlieferungen innerhalb von 24 Stunden garantiert
Service	Guter Service: freundliche, zügige Auftragsbearbeitung, Kontakt mit konstanten Ansprechpartnern Bei Reklamationen bisher immer kulant

Gesprächsnotiz

Gespräch mit dem Einkäufer des Weinberg Supermarktes, der in Geschäftsbeziehungen mit der Metzgerei Großhandel AG steht (stattgefunden am 2. Juli 2020)

Qualität:	*Mittlere Qualität, Ware nicht immer einwandfrei*
Lieferzuverlässigkeit:	*Zufriedenstellend, Lieferungen sind immer pünktlich*
Service:	*Reklamationen werden nur schleppend bearbeitet, Gutschriften erfolgen mit großer zeitlicher Verzögerung, nicht sehr kulant.*

C. Schmitz

Auszug aus einem Artikel in „Lebensmittelforum"

Der „Fleisch- und Wursthandel Lehnen GmbH" geht mit der Übergabe der Geschäfte von Geschäftsführer Franz Lehnen an seinen Sohn Thomas Lehnen und seine Tochter Julia Seliger in die Hände der nächsten Generation über. Im Gespräch mit unserer Redaktion sprachen die beiden neuen Geschäftsführer über ihre Pläne für das Unternehmen. So werden sie die ohnehin bereits hohen Qualitätsstandards in der Auswahl der im Sortiment gelisteten Fleisch- und Wurstwaren weiter steigern. Die Produkte stammen ausschließlich von biologisch wirtschaftenden Bauernhöfen und zur Herstellung der Wurstwaren werden nur natürliche Zutaten verwendet. So wollen sie einen Beitrag zur artgerechten Tierhaltung ebenso wie zur bewussten und gesunden Ernährung ihrer Kunden leisten. (...)

Quelle: fiktiv

Warenprobe *Fleisch-und Wurstwaren Lehnen GmbH*

Geschmack: würzig, herzhaft
Konsistenz: fest im Biss
Aussehen: leicht rosa, feine Struktur, Rand etwas dunkler

Bewertung: sehr gut

Tragen Sie in die nachfolgende Tabelle die gesammelten Informationen zu den einzelnen Lieferanten ein (siehe auch Lehrbuch Seite 81).

Kriterien	Angebot 1 *Schmitz Wurstwaren KG*	Angebot 2 *Fleisch- und Wurstwaren Lehnen GmbH*	Angebot 3 *Metzgerei Großhandel AG*
Bezugs-/ Einstandspreis			
Zahlungsbedingungen			
Lieferfristen			
Qualität			
Ökologische Gesichtspunkte			
Zuverlässigkeit			
Service			

Bewerten

Treffen Sie eine **begründete Entscheidung** zugunsten eines Lieferanten. Diskutieren Sie zu diesem Zweck zunächst die Gewichtung der einzelnen Entscheidungskriterien und legen Sie diese anschließend fest. Nutzen Sie dann die vorliegende Entscheidungsmatrix, um den bestmöglichen Lieferanten ausfindig zu machen.

Entscheidungskriterium	Gewichtung
Summe	100

Angebotsvergleich – Entscheidungsmatrix

Entscheidungskriterien	Gewichtungsfaktor (Punkte)	Entscheidungsalternativen					
		Schmitz Wurstwaren KG		Fleisch- und Wurstwaren Lehnen GmbH		Metzgerei Großhandel KG	
		Bewertung	Summe	Bewertung	Summe	Bewertung	Summe
Bezugspreis							
Qualität							
Zuverlässigkeit des Lieferanten							
Lieferzeit							
Zahlungsbedingungen							
Service							
Ökologische Gesichtspunkte							
Summen	**100**						

Bewertung (Punkte für die Lieferanten):

30 = bester Lieferant

20 = zweitbester Lieferant

10 = schlechtester Lieferant

Lernergebnisse sichern

Nachdem Sie nun den gesamten Angebotsvergleich durchlaufen haben, formulieren Sie eine **Verfahrensanweisung**, in der Sie alle Arbeitsschritte festhalten, die bei einem Vergleich von Angeboten verschiedener Lieferanten anfallen.

1. Angebote einholen

10. Bestellung vornehmen

Übung 3.1: Einfache Bezugskalkulation

1. Die Center Warenhaus GmbH benötigt 120 Regenschirme. Es liegt folgendes Angebot vom Lieferer Müller-Jansen Schirmmode KG vor:

   Karton mit 6 Stück zu 36,00 €, Verpackung 0,20 € je Karton, Mengenrabatt 10 %, Beförderungskosten 2 % vom Warenwert, Lieferzeit 3 Tage, Zahlungsbedingung: 3 % Skonto bei Zahlung innerhalb von 10 Tagen oder 40 Tage netto Kasse.

   Wie hoch ist der Bezugspreis für einen Regenschirm?

Angaben aus dem Angebot	
Lierername	
Listeneinkaufspreis in €	
Stückzahl	
Rabatt in %	
Skonto in %	
Bezugskosten	
Bezugskalkulation	
Listeneinkaufspreis	
–	
= Zieleinkaufspreis	
–	
= Bareinkaufspreis	
+	
= Bezugs-/ Einstandspreis	
Bezugspreis je Schirm	

2. Der Mars Elektrofachmarkt e. K. bezieht 320 USB-Sticks zum Listeneinkaufspreis von 5,00 € je Stück. Der Lieferer gewährt 20 % Rabatt. Da der Einzelhändler innerhalb von 10 Tagen zahlt, zieht er 2,5 % Skonto ab. Der Bezugspreis für die gesamte Sendung beträgt 1 300,00 €.

   a) Wie viel Euro beträgt der **Zieleinkaufspreis** für die Sendung? ______________

   b) Wie viel Euro beträgt der **Bareinkaufspreis** für die Sendung? ______________

   c) Wie viel **Cent** Bezugskosten entfallen auf ein Stück der Ware? ______________

Angaben aus dem Angebot	
Artikel	
Listeneinkaufspreis in €	
Stückzahl	
Rabatt in %	
Skonto in %	
Bezugskosten	
Bezugskalkulation	
Listeneinkaufspreis	
–	
=	
–	
=	
+	
=	
Bezugskosten pro Stück	

3. Der Einkaufsabteilung des Center Warenhauses liegen zwei Angebote für eine Damenhandtasche vor.

   Angebot A: Listeneinkaufspreis 92,50 €, Lieferung frei Haus, bei Zahlung innerhalb von 10 Tagen 2 % Skonto, 5 % Rabatt

   Angebot B: Listeneinkaufspreis 84,00 €, 4,50 € Bezugskosten, 10 % Rabatt, bei Zahlung innerhalb von 8 Tagen 3 % Skonto

   Welches der beiden Angebote ist das preisgünstigere? ______________________

Angaben aus den Angeboten	Angebot A	Angebot B
Artikel		
Listeneinkaufspreis in €		
Rabatt in %		
Skonto in %		
Bezugskosten		
Bezugskalkulation	**Angebot A**	**Angebot B**
Listeneinkaufspreis		
–		
=		
–		
=		
+		
=		

Übung 3.2: Bezugskalkulation unter Berücksichtigung von Mengenabzügen

Die Lebensmitteldiscount Schlegel KG erhält von der Metzgerei Schwarzwälder Schinken: 120 kg brutto, in Kartons zu 4,40 € je kg netto, Tara 2 %, Gutgewicht 2 %, Rabatt 15 %, Skonto 2 % bei Zahlung innerhalb von 10 Tagen.
Wie hoch sind der **Listeneinkaufspreis** sowie der **Bareinkaufspreis je Kilogramm** vom Rechnungsgewicht?

Bezugskalkulation		
	Artikel	
	Bruttogewicht	
–		
=	**Nettogewicht**	
–		
=	**Rechnungsgewicht**	
	Listeneinkaufspreis	
–		
=		
–		
=	**Bareinkaufspreis**	
	Listeneinkaufspreis je kg	
	Bareinkaufspreis je kg	

Übung 3.3: Besondere Arten des Kaufvertrages

a) Formulieren Sie eine kurze Definition zu den in der nachfolgenden Übersicht aufgeführten Kaufvertragsarten.

Kaufverträge, die nach den besonderen Lieferbedingungen bezeichnet werden:

Fixkauf	
Terminkauf	
Spezifikationskauf	

Kauf auf Abruf	
Ramschkauf	
Kauf nach Sicht	
Kommissionskauf	

Kaufverträge, die nach Art und Güte der Ware bezeichnet werden:

Kauf auf Probe	
Kauf nach Probe	
Kauf zur Probe	
Stückkauf	
Gattungskauf	

b) Bestimmen Sie, welche Kaufvertragsarten mit den folgenden Aussagen angesprochen werden.

Aussage	Kaufvertragsart
a) Die Center Warenhaus GmbH erhält eine Warensendung mit folgendem Schreiben (Auszug): *„Aufgrund Ihrer schriftlichen Anfrage vom 02.04.20.. erhalten Sie das gewünschten TV-Gerät mit Rückgaberecht innerhalb von 14 Tagen.“*	
b) Die Lebensmitteldiscount Schlegel KG nimmt aufgrund einer kostenlosen Probe ein TK-Fischgericht in ihr Warensortiment neu auf.	
c) Der Mars Elektrofachmarkt e. K. vereinbart eine Warenlieferung bis zum 13.07.20.. .	
d) Für die jährlich im Betrieb stattfindende Weihnachtsfeier bestellt die Center Warenhaus GmbH: Ein Büfett für den 16.12.20.. um 19:00 Uhr fest.	
e) Die Center Warenhaus GmbH kauft für seine Schreibwarenabteilung Zeitschriften im eigenen Namen, aber für fremde Rechnung.	
f) Die Lebensmitteldiscount Schlegel KG möchte ihre Weinabteilung ausbauen und lässt sich deshalb von einem Weingut eine Ansichtssendung mit Weinen verschiedener Rebsorten und Qualitäten zusenden.	
g) Für ihre DOB-Abteilung hat die Center Warenhaus GmbH bei einem Lieferanten eine bestimmte Anzahl Blusen, T-Shirts und Kleider bestellt. Die näheren Einzelheiten werden innerhalb der nächsten sechs Wochen festgelegt.	
h) Für die Einrichtung der neuen Weinabteilung benötigt die Lebensmitteldiscount Schlegel KG eine hölzerne Regalwand, die von einem Schreiner angefertigt wird.	
i) Der Mars Elektrofachmarkt e. K. möchte Lagerraum einsparen, trotzdem aber die Einkaufsvorteile für größere Bestellmengen in Anspruch nehmen.	

Prüfungsvorbereitung

Situation: In der Center Warenhaus GmbH werden alle Artikel in Artikeldateien entsprechend der Abbildung im Warenwirtschaftssystem erfasst.

Artikelnummer:	662/42355
Artikelbezeichnung	**„Hydralene" Feuchtigkeitscreme**
Einheit	Karton zu je 10 Stück
Lieferer	Vital Kosmetik GmbH Sandwall 20–24 49477 Ibbenbühren
Lieferzeit	8 Tage
Mindestbestand	30 Stück
Höchstbestand	300 Stück
Meldebestand	

Datum	Zugang	Abgang	Bestand
03.02.20..			180
10.02.20..	120		300
22.02.20..		105	195
27.02.20..		50	145
28.02.20..		5	140

1. Aufgabe

Berechnen Sie für die Feuchtigkeitscreme „Hydralene" den Meldebestand in Stück, wenn Sie von einem durchschnittlichen Absatz von 9 Stück pro Tag ausgehen.

2. Aufgabe

Welcher Vorteil ergibt sich aus dieser Art der Erfassung für die Lagerverwaltung? Kreuzen Sie die richtige Antwort an.

1. Inventurdifferenzen werden dadurch verhindert. ☐
2. Die Qualität der Waren kann besser kontrolliert werden. ☐
3. Angaben über den Soll-Bestand sind ständig verfügbar. ☐
4. Auf Inventuren kann verzichtet werden. ☐
5. Die Personaleinsatzplanung der Lagermitarbeiter wird dadurch vereinfacht. ☐

3. Aufgabe

Bei der Inventur am 28.02.20.. ermitteln Sie für den Artikel „Hydralene" einen tatsächlichen Bestand von 110 Stück. Worauf kann die Differenz zurückzuführen sein? Kreuzen Sie die richtige Antwort an.

1. 10 Stück sind durch diebstahlbedingte Inventurdifferenzen verloren gegangen. ☐
2. Im Abgang sind 70 Stück zu viel erfasst worden. ☐
3. Es wurden 40 Stück mehr geliefert als bestellt und erfasst. ☐
4. Eine Umlagerung von 30 Stück in eine andere Filiale wurde nicht erfasst. ☐
5. Bei der Inventur wurden versehentlich 20 Stück zu viel gezählt. ☐

4. Aufgabe

Stellen Sie tabellarisch den Zielkonflikt dar, der sich bei Bestellungen in zu großen oder zu kleinen Mengen ergibt.

Große Bestellmenge	Kleine Bestellmenge
Vorteil: ____________ ____________ ____________ ____________	Vorteil: ____________ ____________ ____________ ____________
Nachteil: ____________ ____________ ____________ ____________ ____________	Nachteil: ____________ ____________ ____________ ____________ ____________

5. Aufgabe

Erläutern Sie die rechtliche Wirkung

5.1 einer Anfrage:

____

____

____

5.2 eines Angebots:

____

____

____

6. Aufgabe

Sowohl die Binger Elektro GmbH als auch die Nobis Techno KG haben eine Anfrage über **100 Stück** In-Ear-Kopfhörer von Ihnen erhalten.
Inzwischen liegen die Angebote beider Unternehmen vor:

Die **Binger Elektro GmbH** bietet die In-Ear-Kopfhörer zum

Listenpreis von **11,80 €**
bei 5 % Rabatt
sowie 3 % Skonto bei Zahlung innerhalb 8 Tagen
frei Haus an.

Die **Nobis Techno KG** bietet die In-Ear-Kopfhörer zum

Listenpreis von **11,20 €**
ohne Abzug von Rabatt
sowie 2 % Skonto bei Zahlung innerhalb von 10 Tagen
mit einer Transportpauschale in Höhe von 75,00 € an.

Führen Sie einen Angebotsvergleich durch.

Artikel: *DVD-Rohlinge*		
Bezugspreiskalkulation	**Binger Elektro GmbH**	**Nobis Techno KG**
Menge		
Listeneinkaufspreis		
–		
=		
–		
=		
+		
=		
Bezugs-/Einstandspreis pro Stück		

7. Aufgabe

7.1 Nachdem der Lieferant für das Druckerpapier feststeht, bestellt der Einkauf. Welche grundsätzlichen Rechte und Pflichten ergeben sich aus diesem Kaufvertrag für den Käufer und für den Verkäufer?

____

____

____

____

____

____

7.2 Erläutern Sie, in welcher Form die Bestellung vorgenommen werden sollte.

7.3 In welchen Fällen ist grundsätzlich eine Auftragsbestätigung notwendig? Führen Sie vier Beispiele an.

7.4 Welchen Teil der Versandkosten trägt der Verkäufer, wenn die Formulierung im Angebot „unfrei“ lautet?

„frei Haus“ lautet?

8. Aufgabe

Kreuzen Sie die unten stehenden Vereinbarungen aus einem Kaufvertrag an, wenn sie den gesetzlichen Regelungen entsprechen.

1. Der Käufer trägt das Transportrisiko. ☐
2. Die Kosten der Versandverpackungen trägt der Verkäufer. ☐
3. Erfüllungsort ist der Geschäftssitz des Schuldners. ☐
4. Der Verkäufer hat die Ware sofort zu liefern. ☐
5. Die Lieferung erfolgt frachtfrei. ☐
6. Bei Gattungsware ist Ware mittlerer Güte zu liefern. ☐

9. Aufgabe

Die Center Warenhaus GmbH entschließt sich dazu, ihr Sortiment im Bereich Haushaltswaren um moderne Porzellanartikel zu erweitern.

Bringen Sie die dazu nötigen Tätigkeiten in die richtige Reihenfolge, indem Sie die Ziffern 1 bis 5 in die Kästchen neben den Arbeitsschritten eintragen.

Sie prüfen und vergleichen die Angebote. ☐

Sie legen mit Ihrem Abteilungsleiter Artikelschwerpunkte fest. ☐

Sie schreiben Anfragen an Hersteller sowie Großhändler und fordern Muster an. ☐

Sie entscheiden sich für einen Lieferer. ☐

Sie suchen im Internet nach neuen Bezugsquellen. ☐

10. Aufgabe

Sie erhalten von zwei Lieferern Angebote über Müslischalen. Ermitteln Sie den Bezugs-/Einstandspreis des günstigeren Angebots bei einer Abnahmemenge von 50 Stück.

	Angebot A	Angebot B
Artikel	Müslischale „ISA“	Müslischale „Twix“
Listeneinkaufspreis	7,90 €	8,29 €
Rabatt	(bei Abnahme von 100 Stück) 10 %	10 %
Skonto	3 %	2 %

11. Aufgabe

Folgende Daten zu einem Artikel aus dem Sortiment Lederwaren liegen Ihnen für den Monat September vor:

	Geldbörse „Roma“
Anfangsbestand in Stück 01.09.20..	8
Einkäufe in Stück	11
Rücksendungen an Lieferer in Stück	1
Bezugs-/Einstandspreis pro Stück	17,94 €
Endbestand in Stück 30.09.20..	4
Bruttoverkaufspreis	29,90 €

Zu welchem Listenpreis wurde Ihnen die Geldbörse „Roma” angeboten, wenn Sie 3 % Skonto in Anspruch genommen haben und der Lieferer 10 % Rabatt gewährt hat?

Der Listeneinkaufspreis für die Geldbörse „Roma“ beträgt ____________ €.

Waren annehmen, lagern und pflegen

Lernsituation 1: Aufgaben bei der Warenannahme wahrnehmen

Der Auszubildende Mehmet Aydin wird im Mars Elektrofachmarkt e. K. seit einer Woche in der Warenannahme im Lager eingesetzt. Kurz vor Ladenschluss kommt ein Frachtführer des Lieferers Elektro Bader KG und liefert drei Paletten mit Fernsehgeräten, Surround-Anlagen und verschiedenen Haushaltsgeräten. Damit Mehmet rechtzeitig nach Hause kommt, wirft er lediglich einen flüchtigen Blick auf die Paletten, quittiert dem Frachtführer den Empfang der Ware und stellt die drei Paletten in eine Ecke des Lagers. Am nächsten Morgen hat er die Warenlieferung schon vergessen. Zwei Tage später sieht Nicole Orth, die Verkaufsleiterin „Weiße Ware", die Kartons. Sie fordert Mehmet auf, die Waren unverzüglich auszupacken und zu überprüfen. Bei der Überprüfung der Waren stellt sich heraus, dass in drei Kartons mehrere Artikel beschädigt sind und sich in einem Karton nicht bestellte Artikel befinden.
Frau Orth ist wütend auf Mehmet: *„Einem zukünftigen Kaufmann im Einzelhandel darf so etwas nicht passieren."* Mehmet entschuldigt sich damit, dass er wegen der Arbeitsbelastung noch nicht dazu gekommen ist, die Kartons zu prüfen. Außerdem könnten die festgestellten Mängel jetzt auch noch beim Lieferer gerügt werden.

Beschreibung und Analyse der Situation

Beschreiben Sie die Situation, in der sich Mehmet im Moment der Warenlieferung befand. Beurteilen Sie sein Verhalten.

____

____

____

____

____

____

Erläutern Sie mögliche Konsequenzen, die sich durch verspätete oder mangelhafte Prüfungen von Warensendungen für den Mars Elektrofachmarkt e. K. ergeben können.

____

____

____

____

____

____

____

____

Klären Sie zunächst den Unterschied zwischen den Schlüsselworten *„sofort"* und *„unverzüglich"* im Zusammenhang mit der dargestellten Situation. Beschreiben Sie dann die Tätigkeiten beim Wareneingang in Ihrem Ausbildungsbetrieb. Was wird „sofort" und was wird „unverzüglich" gemacht?

Bedeutung von „sofort":

Bedeutung von „unverzüglich":

Tätigkeiten beim Wareneingang in meinem Ausbildungsbetrieb:

Planen

Erstellen Sie in der Gruppe eine allgemeingültige Checkliste für die Aufgaben beim Wareneingang – von der Ankunft der Lieferung bis zur Lagerung der Ware oder deren Platzierung im Verkaufsraum. Die Ergebnisse Ihrer Arbeit sollen Sie später bei der Demonstration einer vorbildlichen Warenannahme nutzen.

Checkliste: Aufgaben beim Wareneingang		
Schritt	Aufgabe	☑ ☒

Vergleichen Sie die Checklisten der einzelnen Gruppen miteinander und führen Sie die einzelnen Ergebnisse zu einer gemeinsamen Checkliste zusammen, mit der im weiteren Verlauf des Unterrichts einheitlich gearbeitet wird.

Durchführen und Bewerten

Demonstrieren Sie in Rollenspielen – zunächst in der Kleingruppe, später vor der Klasse – ein vorbildliches Verhalten beim Wareneingang. Wählen Sie als Beispiel eine beliebige Warenlieferung. Als Rollenspieler brauchen Sie einen Frachtführer und mindestens eine Person in der Warenannahme. Diese sollte alle Tätigkeiten, die Sie durchführt, erklären.

Die Beobachter des Rollenspiels prüfen mittels der Checkliste, ob alle erforderlichen Aufgaben durchgeführt werden.

Ein Tipp: Legen Sie sich ausreichend Papier bereit, sodass Sie die Nutzung der unterschiedlichen Dokumente (z. B. Bestellung, Lieferschein, Rechnung) und Formulare (z. B. Schadensprotokoll) auch darstellen können.

Lernergebnisse sichern

Erstellen Sie eine Mindmap zu den Aufgaben beim Wareneingang. Die Hauptäste sind bereits vorgegeben. Nutzen Sie die bisherigen Ergebnisse und Ihr Lehrbuch.

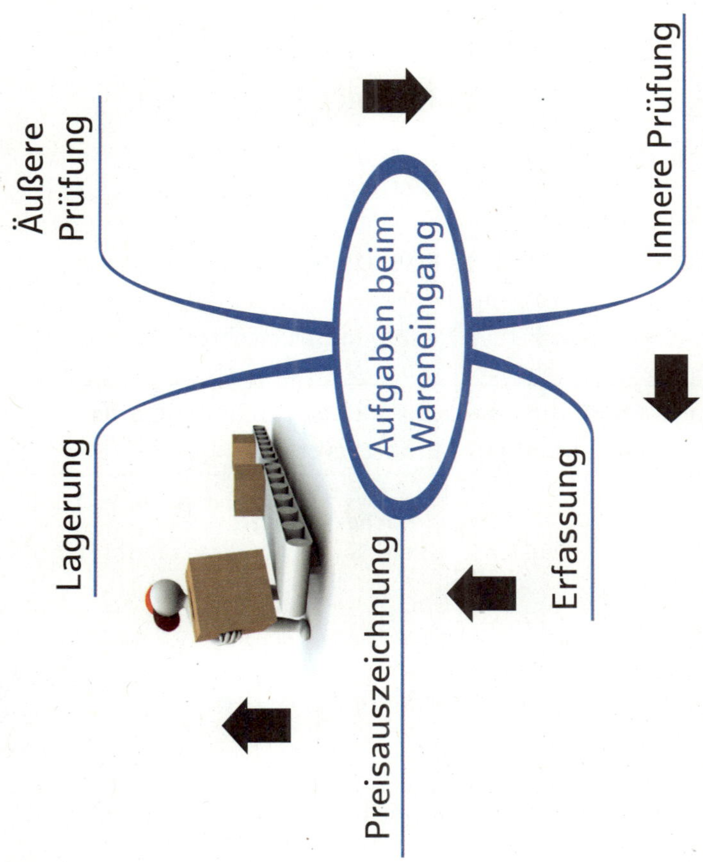

Übung 1.1: Mängelarten unterscheiden

Beschreiben Sie zu jeder Mangelart je ein Beispiel – möglichst aus Ihrer betrieblichen Praxis.

Mangelart	Beispiel
Mangel in der Menge	________
Mangel in der Art	________
Mangel durch fehlerhafte Ware	________
Mangel durch Montagefehler	________
Mangelhafte Montageanleitung	________
Mangel durch falsche Werbeversprechen	________
Rechtsmangel	________

Übung 1.2: Rechte des Käufers aus der Mängelrüge

Ordnen Sie die in dem Kasten befindlichen Rechte in das nachfolgende Schema ein.

Rücktritt vom Kaufvertrag / Minderung des Kaufpreises / Schadenersatz statt der Leistung / Nachbesserung / Ersatz vergeblicher Aufwendungen / Ersatzlieferung

Nacherfüllung
zunächst hat der Käufer nur dieses Recht

________ (Der Mangel an der Ware wird behoben.) ← Wahlrecht des Käufers → ________ (Der Kunde erhält eine mangelfreie Ware im Austausch.)

erst wenn Nacherfüllung gescheitert oder unmöglich ist

________ (Der Käufer erhält den Kaufpreis zurück.)	________ (Der Kaufpreis wird reduziert.)	________ (setzt einen Schaden beim Käufer voraus) oder ________

Übung 1.3: Rechtsfolgen der Mängelrüge

Ordnen Sie die Begriffe aus Übung 1.2 erneut zu. Diesmal geht es darum, in welchen Fällen der Kaufvertrag bestehen bleibt und in welchen Fällen dies nicht der Fall ist.

Rechte des Käufers

Kaufvertrag bleibt bestehen.	Kaufvertrag wird aufgelöst.
____________________	____________________
____________________	____________________
____________________	____________________
____________________	____________________

Übung 1.4: Einen Mangel rügen und klug verhandeln

Bei der Wareneingangskontrolle einer Lieferung der Elektro Bader KG vom 24. Juni 20.. stellt Mehmet Aydin den folgenden Mangel fest: Statt der bestellten zehn „Sumsang" LED-Flat-TV vom Typ 47PFL7642 wurde der Typ 42PFL7762D geliefert. Mehmet wendet sich mit diesem Mangel per E-Mail an Herrn Wieman, dem Ansprechpartner des Lieferers (wiemann@elektro-bader-kg.de). Mehmet möchte die bestellten Geräte möglichst rasch geliefert bekommen. Sein Vorgesetzter Herr Kraft meint zudem, dass auch die falsch gelieferten Geräte behalten werden könnten – allerdings nur zu einem besonders günstigen Preis. Schreiben Sie eine entsprechende E-Mail an Herrn Wiemann:

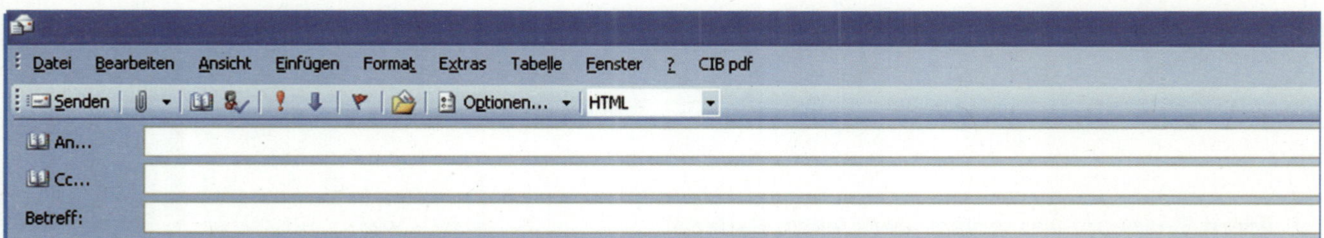

____

____

____

____

____

____

____

____

____

____

____

____

Lernsituation 2: Eine Nicht-rechtzeitig-Lieferung (Lieferungsverzug) bearbeiten

Der Mars Elektrofachmarkt e.K. hat für eine geplante Werbeaktion beim Lieferer Elektro Bader KG einige Waren bestellt, u.a. neu entwickelte Blu-ray-Rekorder, die bisher von keinem anderen Lieferer bezogen werden können, Fernsehgeräte, Surround-Anlagen und Haushaltselektrogeräte. Als Liefertermin wurde „ab Mitte Februar" vereinbart. Die Werbeaktion ist für die Verkaufswoche vom 23. Februar bis zum 28. Februar geplant. Am 20. Februar stellt der Mars Elektrofachmarkt e. K. fest, dass die bestellten Waren noch nicht eingetroffen sind. Mehmet Aydin wird damit beauftragt, beim Lieferer den Grund für die Lieferverzögerung zu erfragen. Bei der telefonischen Rückfrage erfährt Mehmet, dass die Waren aufgrund einer produktionsbedingten Störung teilweise erst in zwei Wochen geliefert werden sollen.
Mehmet besteht auf sofortige Lieferung und teilt dies dem Lieferer per Fax mit.

Beschreibung und Analyse der Situation

Beschreiben Sie das Problem, in dem sich der Mars Elektrofachmarkt e. K. befindet.

Schildern Sie die Interessenlage der Elektro Bader KG.

Beurteilen Sie die im Kaufvertrag vereinbarte Lieferbedingung „ab Mitte Februar" aus der Perspektive des Mars Elektrofachmarkt e. K. und erläutern Sie die rechtlichen Konsequenzen dieser Vereinbarung.

Planen

Nachdem er das Fax versendet hat, nimmt Mehmet an einer Besprechung der Verkaufsleiter teil. Frau Bauer, zuständig für das Marketing, ergreift das Wort: *„Ob wir nun im Recht sind oder nicht und ob wir uns rechtlich gegenüber Elektro Bader durchsetzen können, ist mir im Moment weniger wichtig. Wir sollten vielmehr aus unseren Fehlern für die nächste Aktion lernen und nun erst einmal schauen, wie wir das aktuelle Problem lösen. Ich werde gleich bei Elektro Bader anrufen – dafür brauche ich aber eine Verhandlungsstrategie …"*

Teilen Sie die Klasse in Gruppen ein. Mindestens je zwei Gruppen sollten aus der Perspektive des Mars Elektrofachmarkt e. K. bzw. der Elektro Bader KG einen begründeten Vorschlag zur Lösung des Problems entwickeln und sich so auf das anstehende Telefongespräch vorbereiten. Lesen Sie zuvor aufmerksam Ihre Rollenkarte.

Rollenkarte: Herr Wiemann von der Elektro Bader KG

Sie haben soeben das Fax des Mars Elektrofachmarkt e. K. erhalten und sind sehr überrascht. Ihnen war nämlich nicht bekannt, dass die bestellte Ware für eine Werbeaktion gedacht war und entsprechend dringend benötigt wird. Dem Wunsch nach sofortiger Lieferung könnten Sie nur zum Teil nachkommen. Etwa ein Drittel der bestellten Geräte können Sie erst in zwei Wochen liefern. Betroffen sind vor allem die Blu-ray-Rekorder, die mit neuester Technologie entwickelt wurden. Diese kann man derzeit nur bei Ihrem Unternehmen erhalten und Sie können derzeit nur zwei Geräte (statt der bestellten 60) liefern. Außerdem sind 15 (von 40) Fernsehgeräte von der Lieferverzögerung betroffen. Diese hatten Sie dem Elektrofachmarkt für einen besonders guten Preis angeboten. Die Fernsehgeräte verkauft auch Ihre Konkurrenz – allerdings zu einem höheren Preis. Am liebsten möchten Sie natürlich den gesamten Umsatz ohne zusätzliche Kosten realisieren. Sie schätzen den Elektrofachmarkt als wichtigen Kunden.

Rollenkarte: Frau Bauer vom Mars Elektrofachmarkt e. K.

Für die Werbeaktion brauchen Sie die bestellte Ware unbedingt und sind daher verärgert über das Lieferproblem der ansonsten zuverlässigen Elektro Bader KG. Bezüglich der nicht lieferbaren 60 neuen Blu-ray-Rekorder sehen Sie keine Chance, die Ware rechtzeitig im Geschäft zu haben, sodass Sie hier über eine kundenfreundliche Alternative nachdenken. Die außerdem fehlenden 15 Fernseher (von insgesamt 40) wollen Sie jedoch auf jeden Fall zu der Werbeaktion im Geschäft haben, da Sie diese mit einem sehr günstigen Preis beworben haben. Hier rechnen Sie mit einer starken Nachfrage und wollen die Kunden nicht verärgern. Sie fühlen sich im Übrigen als guter Kunde der Elektro Bader KG und erwarten, dass diese Ihnen entgegenkommt.

Unser Vorschlag aus der Perspektive von ______________________

Unsere Begründung:

Besprechen Sie in der Gruppe eine Erfolg versprechende Verhandlungsstrategie. Tipps hierzu finden Sie in Ihrem Lehrbuch.

Durchführen und Bewerten

Führen Sie die telefonische Verhandlung in zwei Rollenspielen durch. Jede Gruppe bestimmt eine Person, die ihre Position vertritt. Da es sich um ein Telefonat handelt, ist es günstig, wenn die **Rollenspieler** keinen Blickkontakt haben. Sie sollten sich daher z. B. Rücken an Rücken setzen. Als **Beobachter** machen Sie sich nach jedem Rollenspiel zunächst einige Notizen. Mit diesen Notizen wird es Ihnen leichtfallen, Ihren Mitschülerinnen und Mitschülern ein **konstruktives Feedback** zu geben:

Beobachtungsbogen zu den Rollenspielen

1. Rollenspiel

Rolle	Frau Bauer	Herr Wiemann
Beobachtungsmerkmal	Die Vorschläge wurden klar und verständlich vorgetragen.	
Kurzbewertung	☹ 😐 ☺	☹ 😐 ☺
Kommentar		
Beobachtungsmerkmal	Die Vorschläge wurden nachvollziehbar begründet.	
Kurzbewertung	☹ 😐 ☺	☹ 😐 ☺
Kommentar		
Beobachtungsmerkmal	Es wurde auf den Gesprächspartner eingegangen.	
Kurzbewertung	☹ 😐 ☺	☹ 😐 ☺
Kommentar		
Beobachtungsmerkmal	Die Bereitschaft zu einem Kompromiss war erkennbar.	
Kurzbewertung	☹ 😐 ☺	☹ 😐 ☺
Kommentar		
Beobachtungsmerkmal	Der Gesprächston war stets freundlich.	
Kurzbewertung	☹ 😐 ☺	☹ 😐 ☺
Kommentar		
Beobachtungsmerkmal	Das Gespräch brachte klare Ergebnisse.	
Kurzbewertung	☹ 😐 ☺	
Kommentar		

2. Rollenspiel

Rolle	Frau Bauer			Herr Wiemann		
Beobachtungsmerkmal	Die Vorschläge wurden klar und verständlich vorgetragen.					
Kurzbewertung	☹	😐	☺	☹	😐	☺
Kommentar						
Beobachtungsmerkmal	Die Vorschläge wurden nachvollziehbar begründet.					
Kurzbewertung	☹	😐	☺	☹	😐	☺
Kommentar						
Beobachtungsmerkmal	Es wurde auf den Gesprächspartner eingegangen.					
Kurzbewertung	☹	😐	☺	☹	😐	☺
Kommentar						
Beobachtungsmerkmal	Die Bereitschaft zu einem Kompromiss war erkennbar.					
Kurzbewertung	☹	😐	☺	☹	😐	☺
Kommentar						
Beobachtungsmerkmal	Der Gesprächston war stets freundlich.					
Kurzbewertung	☹	😐	☺	☹	😐	☺
Kommentar						
Beobachtungsmerkmal	Das Gespräch brachte klare Ergebnisse.					
Kurzbewertung	☹ 😐 ☺					
Kommentar						

Lernergebnisse sichern

Erläutern Sie, wie der Mars Elektrofachmarkt e. K. bei der nächsten Werbeaktion und entsprechenden Sonderbestellungen seine rechtliche Position gegenüber Lieferern stärken kann.

Der Mars Elektrofachmarkt e. K. ist im vorliegenden Fall am 20. Februar auf die Lieferschwierigkeit aufmerksam geworden. Die Lieferung wurde jedoch bereits für den 23. Februar benötigt. Geben Sie eine Empfehlung ab, damit in Zukunft früher auf Lieferprobleme reagiert werden kann.

Fassen Sie die wichtigsten Ergebnisse aus den beobachteten Verhandlungen zusammen. Welche Verhandlungsstrategie hat sich bewährt?

Übung 2.1: Eine Nicht-rechtzeitig-Lieferung rügen

Der Mars Elektrofachmarkt e. K., Aachener Str. 1250, 50859 Köln, hat am 8. August 20.. entsprechend einem Angebot bei der Office Schmidt GmbH, Licher Str. 155, 44141 Dortmund, Bürotische für seinen Konferenz- und Schulungsraum bestellt. Die Office Schmidt GmbH hat sich vertraglich verpflichtet, die Bürotische zwischen dem 1. und dem 5. Oktober 20.. zu liefern. Heute, am 20. Oktober, sind die Bürotische immer noch nicht geliefert.

Verfassen Sie einen Brief an die Office Schmidt GmbH, in dem die Nicht-rechtzeitig-Lieferung gerügt wird.

MARS
Elektrofachmarkt e.K.

Mars Elektrofachmarkt e. K., Aachener Straße 1250, 50859 Köln

Ihre Nachricht vom:
Unser Zeichen:

Telefon: 0221 1610705
Telefax: 0221 1700088

Datum:

Bankverbindungen:
Kreissparkasse Köln IBAN: DE38370502990013600564 BIC: COKSDE33XXX
Deutsche Bank Köln IBAN: DE80370700600340731420 BIC: DEUTDEDKXXX
Steuernummer: 223/3137/2973 **USt-IdNr.:** DE583442583

Übung 2.2: Unfallschutz im Lager (und anderswo)

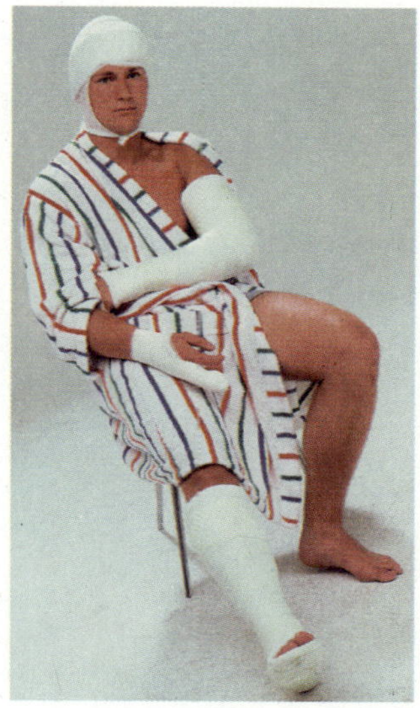

Die Kenntnis von Sicherheitskennzeichen dient dem Erhalt Ihrer Gesundheit und kann in einem Ernstfall Leben retten.

Man unterscheidet bei den Sicherheitszeichen folgende **Kategorien**:

- Verbotszeichen
- Gebotszeichen
- Warnzeichen
- Rettungszeichen
- Brandschutzzeichen

Arbeitsauftrag

Klären Sie, welche Bedeutung die jeweiligen Zeichen haben (mittlere Spalte) und welcher Kategorie von Sicherheitszeichen sie zuzuordnen sind (rechte Spalte).

Zeichen	Bedeutung	Kategorie

Zeichen	Bedeutung	Kategorie

Bedeutungen: Notruftelefon / Hände waschen / Für Rollstuhlfahrer / Allgemeine Gefahrenstelle / Mobilfunkverbot / Feuerlöscher / Notausgang links / Brandmeldetelefon / Mit Wasser löschen verboten / Rutschgefahr

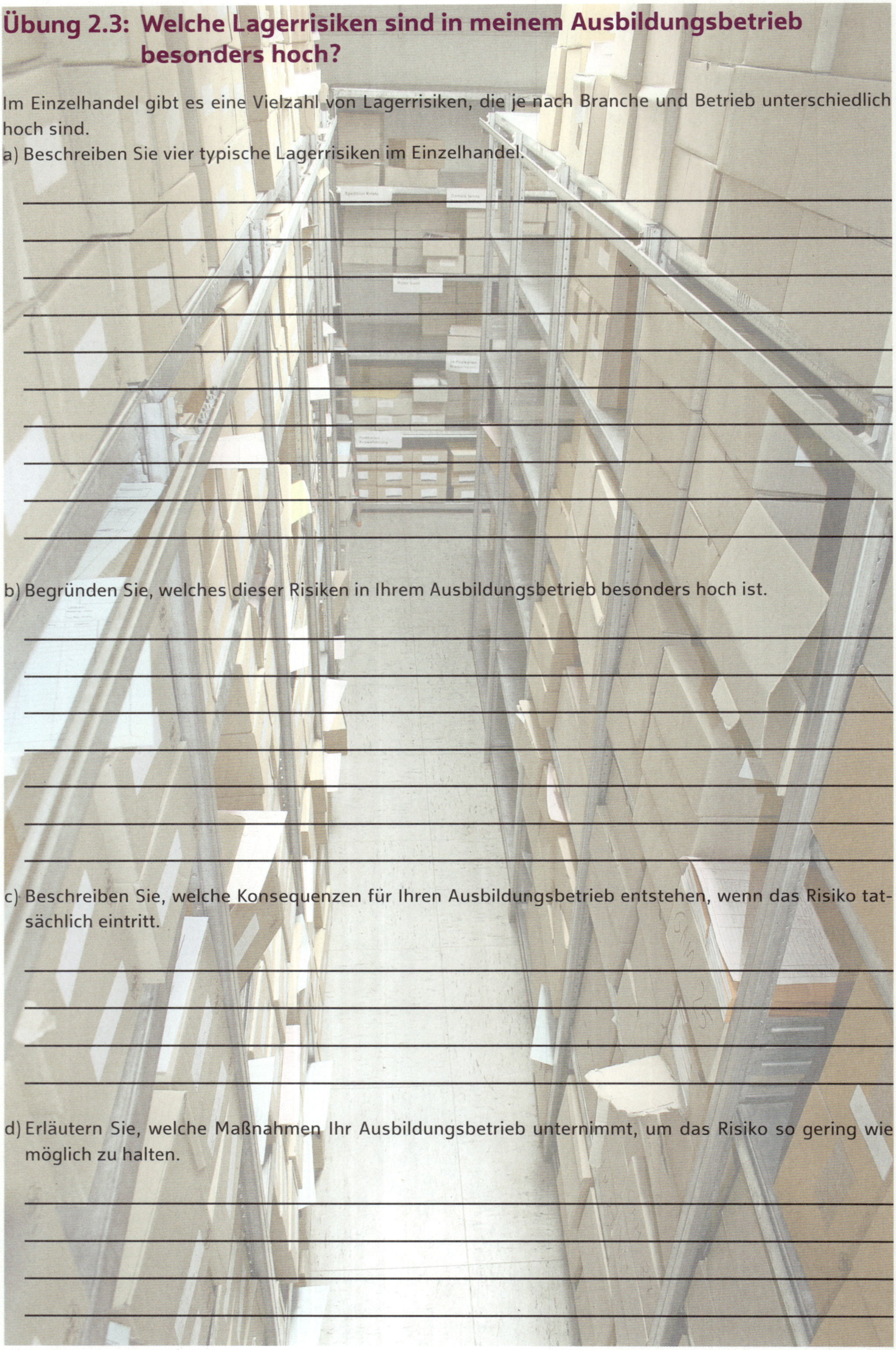

Übung 2.3: Welche Lagerrisiken sind in meinem Ausbildungsbetrieb besonders hoch?

Im Einzelhandel gibt es eine Vielzahl von Lagerrisiken, die je nach Branche und Betrieb unterschiedlich hoch sind.

a) Beschreiben Sie vier typische Lagerrisiken im Einzelhandel.

b) Begründen Sie, welches dieser Risiken in Ihrem Ausbildungsbetrieb besonders hoch ist.

c) Beschreiben Sie, welche Konsequenzen für Ihren Ausbildungsbetrieb entstehen, wenn das Risiko tatsächlich eintritt.

d) Erläutern Sie, welche Maßnahmen Ihr Ausbildungsbetrieb unternimmt, um das Risiko so gering wie möglich zu halten.

Lernsituation 3: Eine Inventur planen und durchführen

Am 28.11. finden die Mitarbeiter des Mars Elektrofachmarkt e. K. folgende Mitteilung am Schwarzen Brett:

Betriebsvereinbarung zur diesjährigen Inventur

Unsere diesjährige Inventur findet am **Samstag, dem 21. Dezember ab 14:30 Uhr** und am **Sonntag, dem 22. Dezember ab 09:00 Uhr** statt.

Wir bitten Sie, sich für diese Zeit bereitzuhalten.

Geschäftsleitung	Betriebsrat
Daniela Mars	*Nico Bonnet*

Frau Feld war im letzten Jahr nicht sehr zufrieden mit dem Ablauf der Inventur. Insbesondere von den Auszubildenden gab es zu viele Nachfragen und es wurden auch zu viele Fehler gemacht. Sie glaubt, dass ihre Inventuranweisungen überarbeitet werden müssten, und zwar so, dass sie für die Auszubildenden gut verständlich sind.

Beschreibung und Analyse der Situation

Erläutern Sie mögliche Gründe für die Durchführung der Inventur im oben genannten Zeitraum.

Erklären Sie, welche Ziele die Inventur verfolgt.

Unterscheiden Sie

a) körperliche Inventur:

b) Buchinventur: Aufnahme des mengen- und wertmäßigen Bestandes durch

Halten Sie Ihre Erfahrungen mit der Organisation und Durchführung von Inventurarbeiten in Ihrem Ausbildungsbetrieb fest. Beschreiben Sie dabei auch, wodurch Fehler entstehen. Tauschen Sie Ihre Erfahrungen später im Klassengespräch aus.

Planen und Durchführen

Erstellen Sie in der Gruppe

a) eine Checkliste, die alle wichtigen Vorbereitungsarbeiten enthält, nach folgendem Muster:

Welche Arbeiten müssen zur Vorbereitung der Inventur erledigt werden?	☑
1) Festlegung des Inventurstichtages	
2)	

b) einen Ablaufplan zur Durchführung der Inventur. Dieser sollte eine Hilfe für alle Mitarbeitenden sein und eine Übersicht liefern ...

❍ wer	❍ welche Ware	❍ wo	❍ wann

erfasst.

Halten Sie Ihre Checkliste und Ihren Ablaufplan hier und zusätzlich auf je einer Folie/einem Plakat fest.

a) Checkliste:

b) Ablaufplan:

____

____

____

____

____

____

____

____

____

____

____

____

____

Bewerten

Stellen Sie Ihre Gruppenergebnisse entweder in kurzen Präsentationen oder in einem „Markt der Möglichkeiten" vor. Geben Sie sich ein konstruktives Feedback. Nutzen Sie dazu auch die folgende Bewertungshilfe:

Vergeben Sie in jedem Feld ein bis drei Punkte	Checkliste Vorbereitung	Ablaufplan Durchführung	
	Wichtige Arbeiten erfasst? Nichts Überflüssiges?	Vollständigkeit?	Übersichtlichkeit?
Gruppe 1			
Gruppe 2			
Gruppe 3			
Gruppe 4			
Gruppe 5			

Gesamturteil: Am besten gefallen mir die Checkliste von Gruppe ____ und der Ablaufplan von Gruppe ____ .

Lernergebnisse sichern

a) Denken Sie noch einmal über Ihr Lernergebnis aus den vergangenen Stunden nach:
Was wissen Sie jetzt zu den Zielen und den unterschiedlichen Arten der Inventur?
Wie könnten Sie sich an der Vorbereitung einer Inventur beteiligen?
Halten Sie Ihre Ergebnisse stichwortartig fest und tauschen Sie sich darüber kurz mit Ihrem Tischnachbarn aus.

b) Erweitern Sie Ihr Wissen, indem Sie sich über **Inventurvereinfachungsverfahren** informieren.

Übung 3.1: Inventurwerte ermitteln

Inventur in der Center Warenhaus GmbH. Tragen Sie folgende Aufnahmeergebnisse von Nicole Höver und Sabine Freund vom 28.12. in die Inventurliste ein und ermitteln Sie die jeweiligen Inventurwerte:

Abteilung: Elektro/Lampen

a) N 301, 13 Nachttischlampen „Luna“, Verkaufspreis 98,00 €, Bezugspreis 53,90 €, davon eine mit Rissen am total verbeulten Schirm

b) N 311, 5 Nachttischlampen „Solar 2000“, Verkaufspreis 178,00 €, Bezugspreis 97,90 €

c) H 520, 8 Hängelampen „Design“, Verkaufspreis 218,00 €, Bezugspreis 76,30 €, an einer Hängelampe Kratzer am Gehäuse (kaum sichtbar)

d) H 550, 4 Hängelampen „Rustikal“, Verkaufspreis 248,00 €, Bezugspreis 99,20 €

Inventurliste der Center Warenhaus GmbH
Abteilung/Lagerort/Fach: Elektro/Lampen **Aufnahmetag: 28.12.20..**

Waren-Nr.	Gegenstand		Festgestellte		Verkaufspreis	Einstandspreis	Minus		Inventurwert
	Handelsübliche Bezeichnung	Beschaffenheit	Menge/Anzahl	Stück, kg, m			%	Wertabschlag	

Datum aufgenommen geprüft

Übung 3.2: Ein Inventar erstellen/Inventare vergleichen

Das Warenhaus Ludwig & Co. KG, Hannover, stellte bei der Inventur am 31.12.20.. (Vorjahr) und am 31.12. des folgenden Jahres (Berichtsjahr) folgende Werte fest:

	A–F	G	H	I	J	K	L
1	**INVENTARVERGLEICH**	31.12.20..		31.12.20.(+1) ein Jahr später		Abweichung zum Vorjahr	
2	Art, Menge, Einzelwert	€	€	€	€	€	%
3	**A. Vermögen**						
4	I Anlagevermögen						
5	1. Gebäude, Ring 18-20		180 000,00		175 000,00		
6	2. Fuhrpark		25 000,00		20 000,00	-5 000,00	-20,00%
7	3. Geschäftsaustattung		65 000,00		58 000,00	-7 000,00	-10,77%
8	II Umlaufvermögen						
9	1. Warenbestände						
10	Textilien	90 000,00		90000,00			
11	Nahrungs- und Genussmittel	60 000,00		65000,00			
12	Haushaltswaren	45 000,00		40000,00			
13	Elektrogeräte	38 000,00		60000,00			
14	Möbel	60 000,00		70000,00			
15	Sonstige Waren	80 000,00		100000,00	425 000,00	52000,00	
16	2. Forderungen		4 000,00		6 000,00	2000,00	50,00%
17	3. Bargeld		6 000,00			2000,00	33,33%
18	4. Guthaben bei der Stadtsparkasse		25 000,00		40 000,00	15 000,00	60,00%
19	**Gesamtvermögen**				**732 000,00**	**54 000,00**	7,96%
20							
21	**B. Schulden**						
22	I Langfristige Schulden						
23	Darlehen bei der Niedersachsen Bank		50 000,00		35 000,00		-30,00%
24	II Kurzfristige Schulden						
25	Verbindlichkeiten						
26	F. Grosser Import OHG, Hamburg	15 000,00		20 000,00			
27	Möbel König e.K., Mainz	10 000,00		8 000,00			
28	Elektro AG, Berlin	17 000,00		12 000,00			
29	Lebensmittelimport KG, Bremen	14 000,00	56 000,00	11000,00	51 000,00	-5 000,00	-8,93%
30	**Gesamtschulden**				**86 000,00**	**-20 000,00**	-18,87%
31							
32	**C. Errechnung des Eigenkapitals**						
33	Gesamtvermögen					**54000,00**	**7,96%**
34	- Gesamtschulden				**86 000,00**		**-18,87%**
35	**Eigenkapital = Reinvermögen**				**646000,00**	**74000,00**	**12,94%**

a) Berechnen Sie die Werte in den gelb und grau hinterlegten Zellen.

b) Erstellen Sie den Inventarvergleich mit einem Tabellenkalkulationsprogramm.

c) Beschreiben Sie Veränderungen des Anlage- und Umlaufvermögens und der Schulden und nennen die möglichen Ursachen für diese Entwicklung.

c) Geben Sie die Formeln für die gelb unterlegten Felder an.

H 15	
H 19	
H 30	
H 33	

H 34	
H 35	
K 5	
L 5	

Lernsituation 4: Die Wirtschaftlichkeit der Lagerhaltung prüfen

Verkaufsleiter Alex Kraft erläutert einigen Auszubildenden des Mars Mars Elektrofachmarkt e. K. die besonderen Herausforderungen der Warengruppe „Braune Ware" (z. B. Fernseher):

„Unsere Artikel brauchen eine besonders sorgfältige Warenpflege, eine sehr ansprechende Warenpräsentation und natürlich hervorragendes Verkaufspersonal. Darüber hinaus müssen wir auch sehr auf eine wirtschaftliche Lagerhaltung achten, da in unseren Artikeln ja eine Menge Geld gebunden ist. Unser Wareneinsatz – das ist unser Jahresabsatz bewertet zu Einstandspreisen (Bezugspreisen) – betrug im letzen Jahr immerhin rund 1 200 000,00 €. Da sind wir natürlich an einer hohen Umschlagshäufigkeit interessiert. Ich habe hier einmal beispielhaft einige Daten für einen Fernseher für Sie vorbereitet. Mit denen sollen Sie jetzt arbeiten: Berechnen Sie die wichtigsten Lagerkennziffern und beurteilen Sie diese!"

Fernseher: Visio-HD-8969, 32 Zoll, Preis netto 980,00 €	
Warenbestand 01.01.20..	32 Stück
Warenzugänge in 20..	283 Stück
Quartalsendbestände in 20..	
31.03.20..	28 Stück
30.06.20..	31 Stück
30.09.20..	29 Stück
31.12.20..	25 Stück

Beschreibung und Analyse der Situation

Klären Sie mit Ihrem Tischnachbarn die Aussagen von Herrn Kraft. Beschreiben Sie dabei mit Ihren Worten, was mit den folgenden Aussagen gemeint ist:

a) ..., da in unseren Artikeln eine Menge Geld gebunden ist.

____

____

____

____

b) ... sind wir natürlich an einer hohen Umschlagshäufigkeit interessiert.

____

____

____

____

____

Planen und Durchführen

a) Ermitteln Sie unter Angabe des Rechenweges
   aa) den durchschnittlichen Lagerbestand,
   ab) die Umschlagshäufigkeit,
   ac) die durchschnittliche Lagerdauer,
   ad) den Lagerzinssatz bei einem Jahreszinssatz (Marktzinssatz) von 6 %.

b) Beschreiben Sie anschließend die Bedeutung der ermittelten Werte.

aa) durchschnittlicher Lagerbestand (DLB):

ab) Umschlagshäufigkeit (UH):

ac) durchschnittliche Lagerdauer (DLD):

ad) Lagerzinssatz:

b) Die Umschlagshäufigkeit beträgt _____.
Das bedeutet ...

____

____

Die durchschnittliche Lagerdauer beträgt ___.
Das bedeutet ...

____

Der Lagerzinssatz beträgt ___.
Das bedeutet ...

Bewerten

a) Beurteilen Sie am Beispiel der Umschlagshäufigkeit und der durchschnittlichen Lagerdauer die ermittelten Werte. Dazu liegen Ihnen Vergleichszahlen aus der Branche vor:

Lagerkennziffern	Branche	Mars Elektrofachmarkt e. K. hier: Fernseher Visio-HD-8969, 32 Zoll
Umschlagshäufigkeit	15	
Durchschnittliche Lagerdauer		
Lagerzinssatz (Marktzins 6%)		

Beurteilung der Ergebnisse:

b) Beschreiben Sie drei Ursachen für die Abweichungen der Kennzahlen des Mars Elektrofachmarkt e. K.

c) Machen Sie zwei Vorschläge, wie die Situation bei dem Fernseher verbessert werden könnte.

Lernergebnisse sichern

a) Halten Sie die wichtigsten Lagerkennziffern noch einmal in einer Übersicht fest.

Lagerkennziffer	Formel
Durchschnittlicher Lagerbestand (bei Jahresinventur)	
Umschlagshäufigkeit	
Durchschnittliche Lagerdauer	
Lagerzinssatz	
Lagerzinsen	

b) Begründen Sie, ob die nachfolgenden Aussagen richtig sind.

Aussage	richtig?	Begründung
Je höher die Umschlagshäufigkeit, desto höher ist die Liquidität.		
Eine Erhöhung des Umsatzes erhöht die Umschlagshäufigkeit und die durchschnittliche Lagerdauer.		
Um die durchschnittliche Lagerdauer zu senken, kann man den durchschnittlichen Lagerbestand erhöhen.		
Bestellungen mit geringen Stückzahlen bewirken geringe Lagerbestände, aber höhere Beschaffungskosten.		
Je kürzer die Lagerdauer, desto kleiner ist die Umschlagshäufigkeit.		

Prüfungsvorbereitung

1. Aufgabe

Aufgrund einer Bestellung erhalten Sie Büromöbel. Anstelle des bestellten Schreibtisches „Konsul“ (120 × 150 cm, Eiche) wird jedoch der Schreibtisch „Fredo“ (100 × 200 cm, Buche) geliefert. Welche Art von Mangel liegt vor?

1. Ein Mangel in der Menge ☐
2. Ein Mangel in der Güte ☐
3. Ein versteckter Mangel ☐
4. Ein Mangel in der Art ☐
5. Ein Mangel in der Beschaffenheit ☐

2. Aufgabe

Sie entdecken im Lagerraum Ihres Ausbildungsbetriebes ein Feuer, das durch Kabelbrand entstanden ist. Welche Maßnahme dürfen Sie in diesem Fall nicht anwenden?

1. Sie alarmieren über Telefon die Feuerwehr. ☐
2. Sie versuchen, den Brand mit einem Eimer Wasser zu löschen. ☐
3. Sie betätigen den Feuermelder und lösen Feueralarm aus. ☐
4. Sie nehmen einen Feuerlöscher mit Löschpulver und löschen das Feuer. ☐
5. Sie bewahren Ruhe und melden das Feuer in der Telefonzentrale. ☐

3. Aufgabe

In Ihrem Ausbildungsbetrieb fällt Verpackungsmaterial an. Sie prüfen unterschiedliche Handlungsmöglichkeiten unter dem Umweltaspekt. Ordnen Sie zu, indem Sie die Kennziffern von zwei der insgesamt vier Handlungsmöglichkeiten in die Kästchen neben den Müllstrategien eintragen.

Handlungsmöglichkeiten	Müllstrategien
1. Die Ware wird vom Hersteller in Leihverpackungen geliefert. Die Verpackungen gehen an den Lieferer zurück.	
2. Verpackungen kann der Kunde sofort im Geschäft entsorgen.	Wertstoffrecycling ☐
3. Anfallende Verpackungen werden einem Entsorgungssystem zugeführt und wiederverwertet.	
4. Es wird eine Abteilung mit umweltfreundlichen Artikeln eingerichtet.	Wiederverwendung ☐

4. Aufgabe

Am 3. Ausbildungstag wird ein Auszubildender über das Verhalten bei Feuergefahr und Unfällen belehrt. Unter anderem macht er sich mit der Bedeutung der Sicherheitszeichen vertraut. Ordnen Sie zu, indem Sie die Kennziffern von drei der insgesamt fünf Beschreibungen (vollständige Bedeutung) in die Kästchen unter den entsprechenden Sicherheitszeichen eintragen.

Beschreibungen
1. Feuer, offenes Licht und Rauchen verboten
2. Richtungsangabe für Rettungswege
3. Rauchen verboten
4. Richtungsangabe zur Ersten Hilfe
5. Warnung vor feuergefährlichen Stoffen

Sicherheitszeichen		

☐	☐	☐

5. Aufgabe

In Ihre Abteilung wurde Ware in Paketen geliefert. Welche drei Tätigkeiten müssen Sie in Anwesenheit des Fahrers durchführen?

1. Sie prüfen die Anschrift auf dem Lieferschein. ☐
2. Sie erfassen die Lieferung im Warenwirtschaftssystem. ☐
3. Sie vergleichen die Angaben auf dem Lieferschein mit der Rechnung. ☐
4. Sie prüfen die Verkaufsverpackung auf Beschädigungen. ☐
5. Sie reklamieren festgestellte Mängel beim Lieferer. ☐
6. Sie vergleichen die Anzahl der Pakete mit den Angaben auf dem Lieferschein. ☐
7. Sie öffnen sorgfältig die Transportverpackung. ☐
8. Sie übernehmen einwandfreie Ware in das Reservelager. ☐
9. Sie lassen sich Beschädigungen an der Transportverpackung vom Fahrer bestätigen. ☐

6. Aufgabe

Welche Frist müssen Sie bei der Kontrolle der eingegangenen Ware beachten, um spätere Rechte in Anspruch nehmen zu können?

1. Die Ware muss immer im Beisein des Überbringers überprüft werden. ☐
2. Die Ware muss ohne schuldhaftes Verzögern überprüft werden. ☐
3. Die Ware muss innerhalb von zwei Tagen überprüft werden. ☐
4. Die Ware muss innerhalb von drei Tagen überprüft werden. ☐
5. Die Ware ist spätestens bei der Auszeichnung zu überprüfen. ☐

7. Aufgabe

Welche Unterlagen benötigen Sie zur ordnungsgemäßen Prüfung der gelieferten Ware?

1. Angebot und Lieferschein ☐
2. Lieferschein und Packzettel ☐
3. Frachtbrief und Rechnung ☐
4. Bestellkopie und Lieferschein ☐
5. Angebot und Bestellkopie ☐

8. Aufgabe

Sie stellen acht Monate nach Lieferung einen versteckten Mangel bei einigen Artikeln fest und rügen diesen Mangel unverzüglich beim Lieferer. Prüfen und begründen Sie, ob Sie die gesetzliche Rügefrist eingehalten haben.

1. Ja, denn Sie haben innerhalb der gesetzlichen Frist den Mangel gerügt. ☐
2. Ja, denn Sie können einen Mangel jederzeit rügen. ☐
3. Nein, denn die Rügefrist beträgt zwei Jahre ab Auftragserteilung. ☐
4. Nein, denn Sie hätten innerhalb von acht Monaten nach Erhalt der Ware rügen müssen. ☐
5. Nein, denn Sie hätten die Ware sofort bei Lieferung prüfen müssen. ☐

9. Aufgabe

Nach der Wareneingangskontrolle erfassen Sie die Lieferung im EDV-gestützten Warenwirtschaftssystem. Welches Gerät verwenden Sie dazu?

1. Kartenlesegerät ☐
2. Elektronische Waage ☐
3. Scannerkasse ☐
4. Mobiles Datenerfassungsgerät ☐
5. Modem ☐

10. Aufgabe

Im Discounter „Schnapp KG" werden alle Artikeldaten im Warenwirtschaftssystem erfasst. Beispiel:

Artikelnummer	1704-0815		
Artikelbezeichnung	Fertig-Wrap **„Tonno"**	Mindestbestand	5 Pakete
Einheit	Paket zu 10 Stück	Höchstbestand	60 Pakete
Lieferer	Fast Food GmbH	Lieferzeit	10 Tage
		Meldebestand	
Datum	**Zugang**	**Abgang**	**Bestand**
02.08.20..			30
10.08.20..	30		60
21.08.20..		8	52
28.08.20..		23	29
31.08.20..		9	20

Welcher Vorteil ergibt sich aus dieser Art der Erfassung für die Lagerverwaltung?

1. Inventuren sind nicht mehr nötig. ☐
2. Angaben über den Soll-Bestand sind ständig verfügbar. ☐
3. Inventurdifferenzen werden dadurch verhindert. ☐
4. Die Personaleinsatzplanung der Lagermitarbeiter kann dadurch besser gesteuert werden. ☐
5. Die Güte der Waren kann ständig überprüft werden. ☐

11. Aufgabe

Berechnen Sie für den Fertig-Wrap „Tonno" (siehe Aufgabe 10) den Meldebestand in Paketen, wenn Sie von einem durchschnittlichen Absatz von vier Paketen pro Tag ausgehen.

____

____

12. Aufgabe

Die Fast Food GmbH hat ihr Vertriebsnetz modernisiert und teilt dem Discounter Schnapp KG mit, dass sich dadurch die Lieferzeit des Artikels „Tonno" auf fünf Tage verringere. Welche Auswirkungen hat dies für die Schnapp KG?

1. Der Lagerbestand kann verringert werden. Dadurch verringert sich auch die Umschlagshäufigkeit. ☐
2. Der Lagerbestand kann verringert werden. Dadurch erhöht sich das Lagerrisiko. ☐
3. Der Meldebestand muss erhöht werden. Dadurch erhöht sich die Kapitalbindung. ☐
4. Der Meldebestand kann herabgesetzt werden. Dadurch verringert sich die Kapitalbindung. ☐
5. Der Meldebestand muss erhöht werden. Dadurch verringert sich die Kapitalbindung. ☐

13. Aufgabe

Bei der Inventur am 31.08.20.. ermitteln Sie für den Artikel „Tonno" einen tatsächlichen Bestand von 13 Paketen. Worauf kann die Differenz zurückzuführen sein?

1. Im Zugang fehlen sieben Pakete. ☐
2. Im Abgang sind acht Pakete zu viel erfasst. ☐
3. Eine Umlagerung von sieben Paketen in eine andere Filiale wurde nicht erfasst. ☐
4. Es wurden fünf Pakete mehr geliefert, als bestellt und erfasst. ☐
5. Bei der Inventur wurden versehentlich neun Pakete zu wenig gezählt. ☐

14. Aufgabe

Zu den vorbereitenden Maßnahmen zur Bilanzerstellung gehört die Inventur. Was ist unter dem Begriff „permanente Inventur" zu verstehen?

1. Die Inventur am Ende des Geschäftsjahres ☐
2. Eine Inventur, die für einen genau festgelegten Zeitraum durchgeführt wird ☐
3. Die zeitlich verlegte Inventur, vor oder nach dem Bilanzstichtag ☐
4. Eine Inventur, die durch den Geschäftsführer ohne vorherige Ankündigung veranlasst wird ☐
5. Die laufende Bestandsermittlung, z. B. durch Bestandsfortschreibung ☐

15. Aufgabe

Am 22.11.20.. bestellen Sie bei der Sapo AG 10 Stück eines neuartigen Teeautomaten zum Preis von 190,00 € pro Automat. Das Angebot der Sapo AG war preisgünstiger als die Angebote alternativer Lieferer. Als Liefertermin wird „bis Ende November" vereinbart. Am 1. Dezember rufen Sie bei der Sapo AG an und erkundigen sich nach der Lieferung, die Sie bislang noch nicht erhalten haben. Sie erfahren, dass die Lieferung aus Versehen nicht abgeschickt wurde.

a) Prüfen Sie, ob ein Lieferungsverzug (Nicht-rechtzeitig-Lieferung) vorliegt. Begründen Sie Ihre Antwort.

____

____

____

____

____

b) Begründen Sie, welches Verhalten gegenüber dem Lieferer nun sinnvoll ist.

____

____

____

____

____

____

____

____

____

____

16. Aufgabe

Am 3. Dezember treffen die bestellten Teeautomaten (siehe Aufgabe 15) ein.

a) Welche drei Tätigkeiten müssen Sie bei der Warenannahme in Anwesenheit des Fahrers durchführen?

b) Beschreiben Sie drei anschließende Tätigkeiten von der Warenannahme bis zur Einlagerung der 10 Teeautomaten bei einer ordnungsgemäßen Anlieferung.

c) Nach dem Auspacken einer Maschine stellen Sie am Gehäuse Kratzer fest. Bei der Wareneingangsprüfung stellen Sie Kratzer an drei weiteren Maschinen fest.

ca) Was müssen Sie tun, um Ihre Rechte zu sichern?

cb) Eine Nacherfüllung ist nicht möglich, da die Maschinen nicht in der gewünschten Farbe nachlieferbar sind. Entscheiden Sie sich für ein nachrangiges Recht und begründen Sie dieses.

d) Welche Daten können bei der Erfassung im Warenwirtschaftssystem berücksichtigt werden? Geben Sie vier Beispiele an.

17. Aufgabe

In einem Warenhaus wird täglich eine Vielzahl von Artikeln angeliefert. Die Wareneingangskontrollen ergeben dabei immer wieder auch Mängel an einzelnen Artikeln.

a) Prüfen Sie, welcher Sachmangel jeweils vorliegt, und notieren Sie den Fachbegriff in das entsprechende Feld.

Mängel	Fachbegriff für den Mangel
Statt der bestellten 40 Kästen Bier wurden nur 20 geliefert.	
Zwei Gläser aus einem beschädigten Karton sind zerbrochen.	
Statt der bestellten Blu-ray-Player wurden Blu-ray-Rekorder geliefert.	
Drei der zehn gelieferten Handys weisen am Gehäuse Farbflecken auf.	

b) Beschreiben Sie, wie lange Sie Zeit haben, um diese Mängel zu rügen.

c) Entscheiden Sie, welches Recht Sie sinnvollerweise bei den dargestellten Mängeln in Anspruch nehmen werden, und notieren Sie den Fachbegriff in das entsprechende Feld.

Mängel	Eingefordertes Recht
Statt der bestellten 40 Kästen Bier wurden nur 20 geliefert.	
Zwei Gläser aus einem beschädigten Karton sind zerbrochen.	
Statt der bestellten Blu-ray-Player wurden Blu-ray-Rekorder geliefert.	
Drei der zehn gelieferten Handys weisen am Gehäuse Farbflecken auf.	

18. Aufgabe

Sie erhalten aus dem Rechnungswesen die folgenden Zahlen zur Auswertung:

Jahr	Wareneinsatz	Durchschnittlicher Lagerbestand	Umschlags-häufigkeit	Lagerdauer Tage	Lagerzinssatz in %
2011	50 000,00 €	6 100,00 €	8,2	43,9	1,2
2012	50 800,00 €	6 800,00 €			

Ermitteln Sie für 2012 die folgenden Lagerkennziffern. (Geben Sie den Rechenweg an und runden Sie auf eine Stelle nach dem Komma.)

a) Errechnen Sie die Umschlagshäufigkeit.

b) Errechnen Sie die durchschnittliche Lagerdauer.

c) Ermitteln Sie den Lagerzinssatz. Der bankübliche Zinssatz beträgt 10 %.

Geschäftsprozesse erfassen und kontrollieren

Lernsituation 1: Sie erfassen die Aufgaben und Aufgabenbereiche des betrieblichen Rechnungswesens im Einzelhandelsbetrieb

Zu Beginn des zweiten Ausbildungsjahres hat sich Mehmet Aydin, Auszubildender zum Kaufmann im Einzelhandel, bei Frau Feld, der Finanz- und Lohnbuchhalterin des Mars Elektrofachmarkt e. K., gemeldet. Laut Ausbildungsplan soll er in der Abteilung drei Monate bleiben. Frau Feld stellt ihn Frau Braun, zuständig für die Statistik und das Controlling, und Herrn Zimmer vor, der für die Kosten- und Leistungsrechnung verantwortlich ist. Frau Feld: *„Wir erledigen zusammen das betriebliche Rechnungswesen und sind sozusagen das Nachrichtenzentrum für alle anderen Bereiche des Betriebes. Noch vor einer halben Stunde wollte etwa Frau Orth, Verkaufsleiterin ‚Weiße Ware', die Umsatzentwicklung eines vor drei Monaten eingeführten Spülautomaten erfahren. Oder aktuell will Herr Kraft, Verkaufsleiter ‚Braune Ware', anlässlich eines Auftrages der Stadtverwaltung Köln den Kontenstand des Kunden wissen. Außerdem fordert Frau Mars regelmäßig Kurzberichte über die Erfolgsentwicklung (Gewinn/Verlust) an oder sie möchte Informationen über die liquiden Mittel in der Kasse oder auf dem Bankkonto haben. Wir sind eigentlich das große Gedächtnis der Unternehmung, so eine Art Datenbank."*

Beschreibung und Analyse der Situation

Beschreiben Sie die Aufgabe des Rechnungswesens mit der „Kopfstandmethode", indem Sie den Satz vervollständigen: *„Wenn der Mars Elektrofachmarkt e. K. das Rechnungswesen abschafft, dann ..."*

Planen und Durchführen

Das Rechnungswesen des Mars Elektrofachmarkt e. K. wird von Frau Feld als das „große Gedächtnis der Unternehmung, eine Art Datenbank", bezeichnet. Klären Sie in Partnerarbeit mithilfe Ihres Schulbuches die Aufgabenbereiche des Rechnungswesens. Erfassen Sie diese in der unten abgebildeten Tabelle. Erklären Sie sich anschließend abwechselnd die jeweiligen Aufgabenbereiche des Rechnungswesens. Tun Sie dies in freien Worten, ohne in Ihre Unterlagen zu schauen.

Aufgabenbereiche des Rechnungswesens			
Finanzbuchhaltung	Kostenrechnung	Statistik	Planung

Erläutern Sie in Partnerarbeit, warum das Rechnungswesen des Mars Elektrofachmarkt e. K. auch als „Informations-, Kontroll- und Steuerungssystem" bezeichnet wird.

Bewerten

Gehen Sie mit einem anderen Schülerpaar zusammen und vergleichen Sie über Kreuz Ihre bisherigen Ergebnisse. (Bilden Sie dazu zwei neue Paare.)

Lernergebnisse sichern

Listen Sie betriebswirtschaftliche Fragestellungen auf, die durch das Rechnungswesen für Einzelhandelskaufleute beantwortet werden können.

Differenzierung:
Erstellen Sie einen kurzen Erklärfilm (Tutorial), in welchem Sie die Bedeutung des Rechnungswesens für Unternehmen erläutern.

Übung 1.1: Die Güter- und Geldströme in einem Einzelhandelsunternehmen

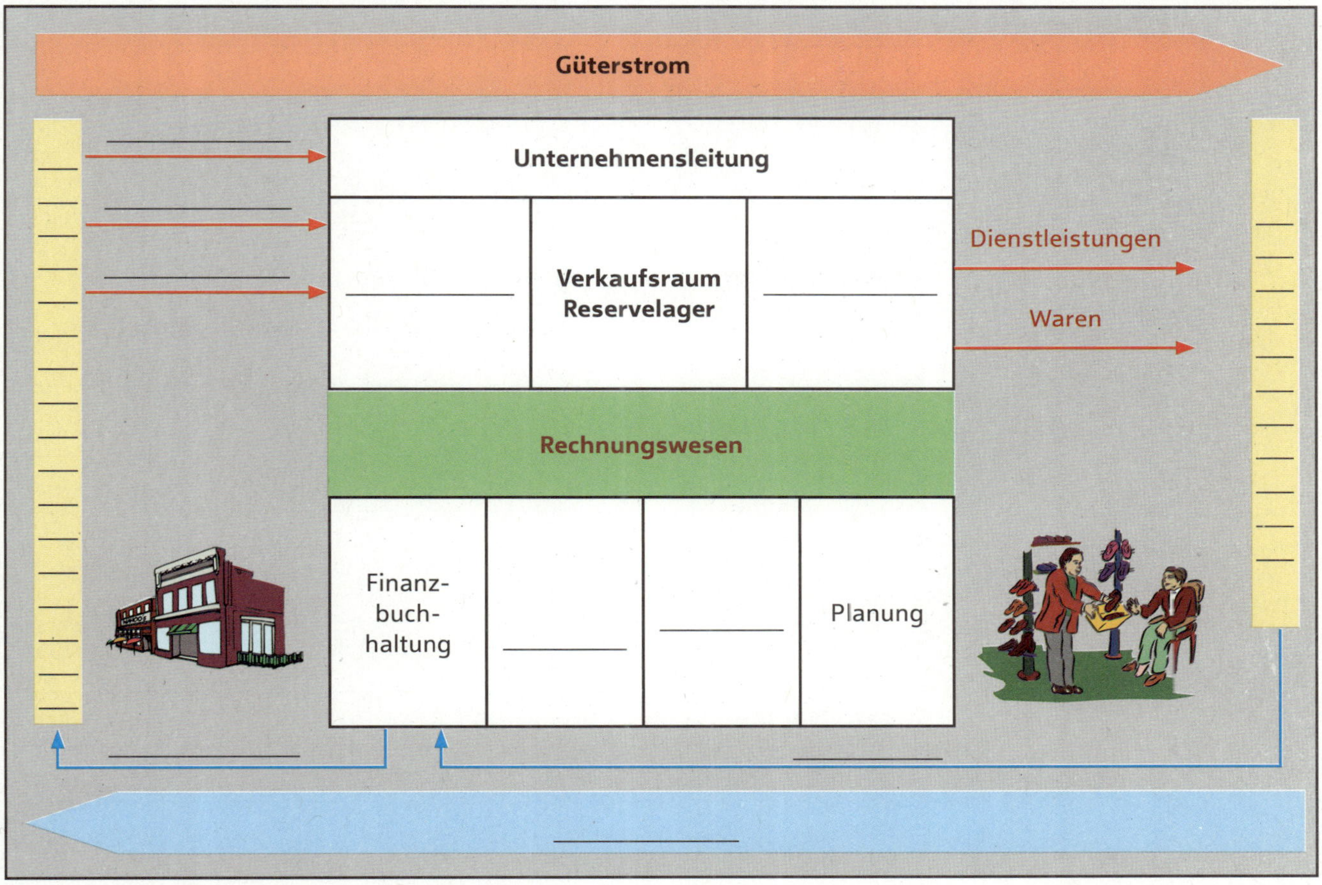

Schreiben Sie die Begriffe an die richtige Stelle:

Absatzmarkt, Waren, Kostenrechnung, Einnahmen, Betriebsmittel, Beschaffung, Beschaffungsmarkt, Geldstrom, Arbeitskräfte, Ausgaben, Absatz, Statistik

Übung 1.2: Das Rechnungswesen als Informations-, Kontroll- und Steuerungssystem

Durch zahlreiche Geschäftsfälle verändern Güter- und Geldströme ständig die Höhe der Vermögensteile des Mars Elektrofachmarkt e. K..

Das Rechnungswesen ist ein wichtiges Informations-, Kontroll- und Steuerungssystem für den Mars Elektrofachmarkt e. K.. Vervollständigen Sie die Tabelle, indem Sie in der ersten Spalte Informationen aufführen, welche die Unternehmensleitung aus dem Rechnungswesen erhält, um in den folgenden Spalten Möglichkeiten der Kontrolle und Steuerung zu benennen.

Information	Möglichkeiten der Kontrolle	Möglichkeiten der Steuerung
Gewinnentwicklung	• Verläuft die Gewinnentwicklung wie geplant und gewünscht? • Wie hoch ist der erzielte Gewinn?	• Reduzierung der Ausgaben/Aufwendungen • Investitionen planen und durchführen
Verkaufszahlen/ Umsatzentwicklung		
Höhe des Bankguthabens		
Überwachung der Zahlungseingänge		
Ausgaben für neue Waren		
Art und Höhe und der Schulden		
Personalkosten		

Übung 1.3: Soll-Ist-Vergleiche im Rechnungswesen

Eine wichtige Funktion des Rechnungswesens als Kontrollsystem geschieht durch Soll-Ist-Vergleiche. Benennen Sie für die folgenden Beispiele mögliche Ursachen für die Differenz zwischen den Soll- und Ist-Werten im Mars Elektrofachmarkt e. K..

Soll	Ist	Mögliche Ursachen
In der Kleingeräteabteilung ergibt sich nach dem Abschluss der Tageskasse ein Kassensollbestand von 3 425,00 €.	Tatsächlich befinden sich jedoch nur 3 405,00 € in der Kasse.	
Angestrebt wurde ein Jahresumsatz mit Hausgeräten von 890 000,00 €.	Erreicht wurde ein Umsatz von 800 000,00 €.	
Der Mars Elektrofachmarkt e. K. hat laut seinem Warenwirtschaftssystem einen Lagerbestand von 25 Staubsaugern „Paco“.	Durch das Nachzählen im Rahmen der Inventur ergibt sich ein tatsächlicher Lagerbestand von nur 22 Stück.	
Angestrebt wurde ein Jahresgewinn von 265 000,00 €.	Erreicht wurde ein Jahresgewinn von 310 000,00 €.	
Der Kopfhörer „Brose“ sollte laut Bestandsliste des Mars Elektrofachmarkt e. K. 46-mal im Lager sein.	Bei der Inventur wurden jedoch 49 Kopfhörer „Brose“ gezählt.	

Lernsituation 2: Sie erstellen eine Bilanz und werten diese aus

Frau Feld, die Buchhalterin des Mars Elektrofachmarkt e. K., erzählt Mehmet Aydin, dass der Mars Elektrofachmarkt e. K. den Aufbau eines Filialbetriebes in Leipzig plant und dazu zusätzliche Finanzmittel benötigt.

Frau Feld: *„Frau Mars hat deshalb schon die Deutsche Bank wegen eines Kredits in Höhe von 400 000,00* **€** *angesprochen. Der Kreditsachbearbeiter der Bank verlangt zur Überprüfung der Kreditwürdigkeit eine Aufstellung des Vermögens und der Schulden."*

Mehmet: *„Dafür können wir ihm doch unser hundertseitiges Inventar mit allen Anlagen überlassen."*

Frau Feld: *„Nein, der Sachbearbeiter der Bank hat keine Zeit, dieses Inventar auszuwerten, er verlangt eine zusammenfassende Übersicht und Gegenüberstellung von Vermögen und Schulden in Form einer Bilanz."*

Inventar des Mars Elektrofachmarkt e. K. zum 31. Dezember 20.. (ohne Anlagen) – vervollständigen Sie die grau unterlegten Felder.

Inventar des Mars Elektrofachmarkt e. K. zum 31. Dezember 20.. (ohne Anlagen)		
Art, Menge, Einzelwert		
A. Vermögen		
I. Anlagevermögen		
1. Bebautes Grundstück, Aachener Straße 1248		125 000,00
2. Verwaltungsgebäude, Aachener Straße 1248		640 000,00
3. Fuhrpark (Anlage 1)		212 000,00
4. Geschäftsausstattung (Anlage 2)		170 500,00
II. Umlaufvermögen		
1. Warenbestand		
1.1. Weiße Ware (Anlage 3)	310 700,00	
1.2. Braune Ware (Anlage 4)	305 300,00	
1.3. Tonträger (Anlage 5)	18 500,00	
1.4. Neue Medien (Anlage 6)	16 200,00	
2. Forderungen aus Lieferungen und Leistungen		
2.1. Stadtverwaltung Köln, Am Hof 5, 50667 Köln	12 500,00	
2.2. Seniorenheim Monika GmbH, Richterstr. 15, 50933 Köln	6 200,00	
2.3. Hotel Rheinischer Hof KG, Marzellenstr. 10, 50667 Köln	2 500,00	21 200,00
3. Kassenbestand		5 100,00
4. Bankguthaben bei der Kreissparkasse Köln lt. Kontoauszug (Anlage 7)		298 700,00
Summe des Vermögens		
B. Schulden		
I. Langfristige Schulden		
Darlehen bei der Kreissparkasse Köln lt. Kontoauszug und Darlehensvertrag (Anlage 8)		760 000,00
II. Kurzfristige Schulden		
1. Verbindlichkeiten aus Lieferungen und Leistungen (Anlage 9)		
1.1. Elektro Bader KG, Fabrikstr. 10–34, 04129 Leipzig	358 500,00	
1.2. Computec GmbH & Co. KG, Volkspartnerstr. 12–20, 22525 Hamburg	15 200,00	373 700,00
Summe der Schulden		
C. Errechnen des Reinvermögens (Eigenkapital)		
Summe des Vermögens		
– Summe der Schulden		
Reinvermögen (Eigenkapital)		

Beschreibung und Analyse der Situation

Begründen Sie das Interesse der Bank an der Bilanz des Mars Elektrofachmarkt e. K..

Planen und Durchführen

Arbeiten Sie mit Ihrer Sitznachbarin/Ihrem Sitznachbarn zusammen. Informieren Sie sich über den Aufbau und die Struktur der Bilanz. Stellen Sie auf Grundlage des Inventars eine ordnungsgemäße Bilanz zum Bilanzstichtag 31. Dezember 20.. auf.

Information:

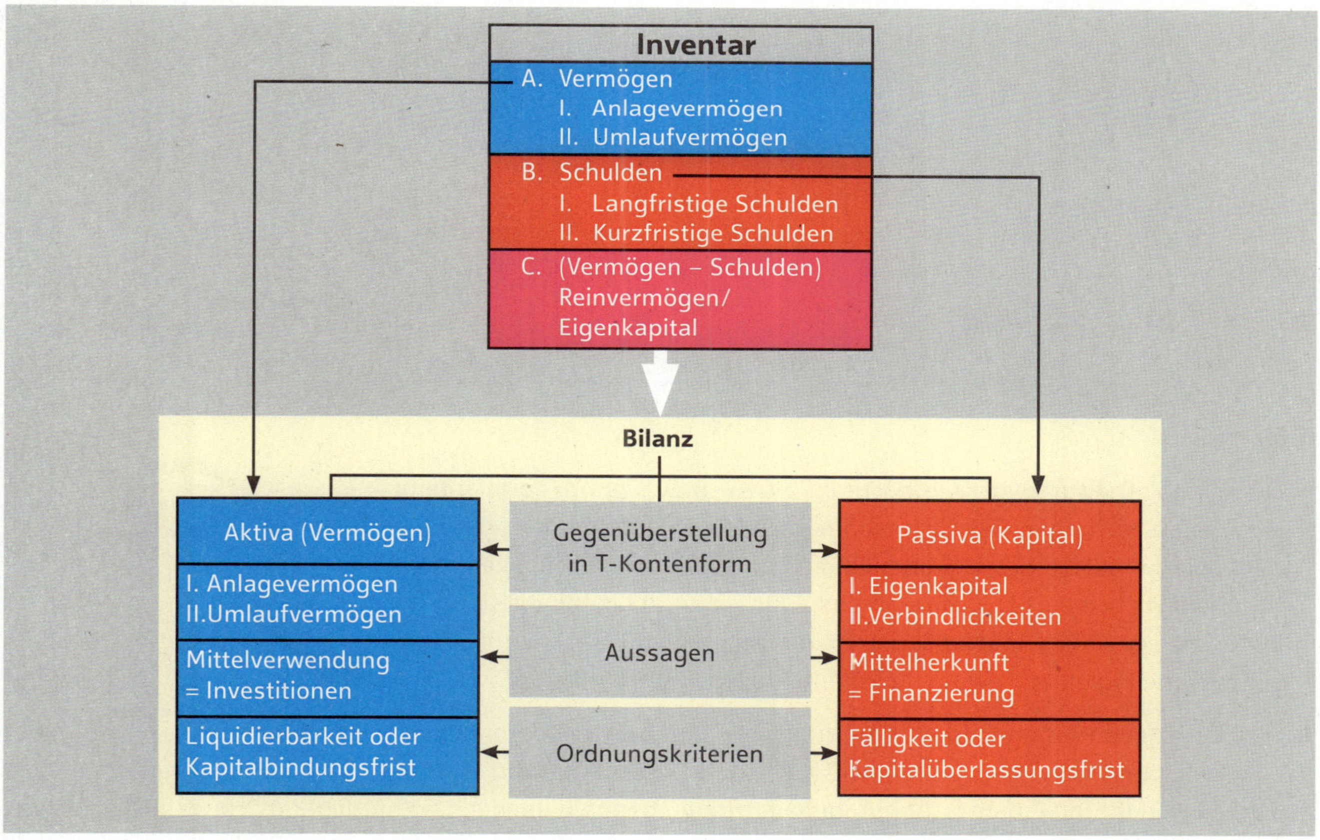

Tipp: Weitere Informationen zum Aufbau der Bilanz finden Sie im Lehrbuch oder im § 266 HGB.

Aktiva	Bilanz Mars Elektrofachmarkt e. K. zum 31. Dezember 20.. in €	Passiva

Köln, den 19.01.20..

Werten Sie in Partnerarbeit die von Ihnen aufgestellte Bilanz aus. Berechnen Sie von den folgenden Bilanzpositionen die prozentualen Anteile am Gesamtkapital (auf zwei Stellen nach dem Komma runden).

- Anteil am Anlagevermögen:
- Anteil am Umlaufvermögen:
- Eigenkapitalquote:
- Fremdkapitalquote (Schulden):

Information:

- Die Kapitalstruktur zeigt, wie hoch der Eigen- bzw. Fremdkapitalanteil am Gesamtvermögen des Unternehmens ist. Hier gilt: Je höher der Eigenkapitalanteil ist, desto größer ist die finanzielle Unabhängigkeit und Kreditwürdigkeit eines Unternehmens. Eine niedrige Eigenkapitalquote bedeutet ein hohes Insolvenzrisiko. Im Einzelhandel liegt die durchschnittliche Eigenkapitalquote über alle Branchen bei ca. 15 %.
- Das Anlagevermögen bildet die Grundlage der Betriebsbereitschaft, verursacht aber auch immer gleichbleibend hohe fixe Kosten, wie z. B. durch Instandhaltung, Zinsen, Versicherungsprämien. In Krisenzeiten geht mit einem hohen Anlagevermögen deshalb auch ein entsprechend großes Risiko einher. Das Umlaufvermögen hingegen führt dem Unternehmen Geldwerte zu, die zum Zwecke der Wiederbeschaffung oder der Erweiterung eingesetzt werden können. Ein hoher Anteil des Umlaufvermögens gilt daher als weniger problematisch. Branchenübergreifend gilt für den Einzelhandel ein Anteil von 20 % des Anlagevermögens am Gesamtvermögen für erstrebenswert, um das Anlagerisiko und die fixen Kosten zu senken. Vorteilhafter wäre die Investition in gewinnbringende Warenbestände.

- Eine weitere wichtige Kennziffer zur Auswertung der Bilanz ist die Barliquidität.

$$\text{Barliquidität} = \frac{\text{flüssige Mittel} \cdot 100}{\text{kurzfristige Verbindlichkeiten}}$$

Sie gibt Auskunft darüber, wieweit die kurzfristigen Verbindlichkeiten aus den zur Verfügung stehenden liquiden Mitteln (Kasse und Bankguthaben) beglichen werden können. Kritisch ist im Einzelhandel eine Barliquidität unter 80 % – eine Barliquidität von 90 % und mehr gilt als gut.

Berechnen Sie die Barliquidität aus der Bilanz des Mars Elektrofachmarkt e. K. (auf zwei Stellen nach dem Komma runden).

Barliquidität =

Bewerten

Gehen Sie mit einem anderen Schülerpaar zusammen und vergleichen Sie Ihre errechneten Kennzahlen. Gehen Sie etwaigen Abweichungen nach und suchen Sie gemeinsam nach möglichen Fehlern.

Analysieren Sie die errechneten Kennzahlen in Ihrer Gruppe und geben Sie eine erste Einschätzung bezüglich der Kreditwürdigkeit des Mars Elektrofachmarkt e. K. ab. Vergleichen Sie Ihre Einschätzungen anschließend in einem Klassengespräch.

Lernergebnisse sichern

Notieren Sie abschließend in Einzelarbeit drei Merksätze zu Inhalt und Struktur einer Bilanz.

1.

2.

3.

Stellen Sie die wesentlichen Unterschiede von Inventar und Bilanz in folgender Tabelle einander gegenüber.

Inventar	Bilanz

Übung 2.1: Aussagen zur Bilanz überprüfen

Prüfen Sie die folgenden Aussagen zur Bilanz und berichtigen Sie die falschen Aussagen.

Aussage	Korrektur
Das Anlagevermögen ist im Unternehmen kurzfristig angelegt.	
Verbindlichkeiten a. LL. werden auf der Aktivseite der Bilanz ausgewiesen und bezeichnen Gelder, die das Unternehmen noch bekommen soll, bzw. auf die es noch einen Anspruch hat.	
In der Bilanz werden Vermögen, Schulden und Eigenkapital untereinander in Staffelform aufgeführt.	
Das Eigenkapital weist das Gesamtvermögen des Unternehmens in der Bilanz aus.	

Aussage	Korrektur
Auf der Passivseite der Bilanz werden die Formen des Vermögens, also die „Mittelverwendung“ ausgewiesen.	______ ______ ______ ______

Übung 2.2: Eine Bilanz aufbereiten

Erstellen Sie auf der Grundlage der folgenden Zahlen eine aufbereitete Bilanz und ermitteln Sie die Prozentsätze der einzelnen Bilanzpositionen (auf zwei Stellen nach dem Komma runden).

Anlagevermögen 4770300,00 €, Umlaufvermögen 2267000,00 €, langfristige Verbindlichkeiten 2250000,00 €, kurzfristige Verbindlichkeiten 570000,00 €

Aktiva	Aufbereitete Bilanz zum 31. Dezember 20..				Passiva
	€	%		€	%
Anlagevermögen	______	______	Eigenkapital	______	______
Umlaufvermögen	______	______	Fremdkapital		
			– langfristig	______	______
			– kurzfristig	______	______
Bilanzsumme	______	______	Bilanzsumme	______	______

Übung 2.3: Wer hat Interesse an einer ordnungsgemäßen Buchführung?

Damit der Mars Elektrofachmarkt e. K. sein Unternehmensziel erreichen kann, muss er Beziehungen zu Kunden, Lieferanten, Kapitalgebern, staatlichen Institutionen und zu seinen Mitarbeiterinnen und Mitarbeitern eingehen. All diese Beziehungen sind von gegenseitigen Erwartungen und Ansprüchen geprägt. Ergänzen Sie in der abgebildeten Tabelle die wechselseitigen Erwartungshaltungen und begründen Sie, warum sich für die betroffenen Unternehmen, Institutionen und Personen ein Interesse an der Unternehmenslage des Mars Elektrofachmarkt e. K. ergeben kann.

	Welche Erwartungen und Wünsche hat der Mars Elektrofachmarkt e. K. an ...?	Welchen Wünschen und Erwartungen sollte der Mars Elektrofachmarkt e. K. nachkommen?	Warum besteht ein Interesse an der Unternehmenssituation des Mars Elektrofachmarkt e. K.?
Staat	Straßen, Infrastruktur, ausgebildete Mitarbeiter	Schafft Arbeitsplätze, bezahlt Steuern und Sozialabgaben.	Das Unternehmen ist Arbeitgeber und trägt durch den Verkauf von Waren zur Wirtschaftsleistung des Landes bei. Es stärkt durch Sozialabgaben und Steuern das Sozialsystem sowie die öffentlichen Finanzen.
Banken			
Liefe-ranten			
Kunden			

	Welche Erwartungen und Wünsche hat der Mars Elektrofachmarkt e. K. an ...?	Welchen Wünschen und Erwartungen sollte der Mars Elektrofachmarkt e. K. nachkommen?	Warum besteht ein Interesse an der Unternehmenssituation des Mars Elektrofachmarkt e. K.?
Mitarbeiter			

Übung 2.4: Bedeutende Belege im Einzelhandel

Durch den Geschäftsablauf in einem Einzelhandelsbetrieb entsteht eine Vielzahl von Belegen. Sie ergeben sich durch:

- Wareneinkäufe → Eingangsrechnungen (ER)
- Warenverkäufe auf Rechnung → Ausgangsrechnungen (AR)
- Kassenein- oder -auszahlung → Kassenbelege (KA/KB)
- Zahlungsein- oder -ausgänge auf dem Bankkonto → Kontoauszüge der Bank (BA)

Nehmen Sie die Perspektive einer Mitarbeiterin/eines Mitarbeiters des Mars Elektrofachmarkt e. K. ein und benennen Sie die Belegart der folgenden Belege. Prüfen Sie deren rechnerische Richtigkeit und beschreiben Sie, welche Informationen sich aus dem Beleg ergeben.

MARS Elektrofachmarkt e.K.

Mars Elektrofachmarkt e. K., Aachener Straße 1250, 50589 Köln
Fitness-Center-Oase KG
Heidstr. 3
51069 Köln

Telefon: 0221 1610 705
Fax: 0221 1700 088
E-Mail: info@mars-elektrofachmarkt.de
Internet: www.mars-elektrofachmacht.de

Datum: 04.10.20..

RECHNUNG/AUFTRAGSBESTÄTIGUNG

Bei Zahlung/Rücksendung/Gutschrift unbedingt angeben

Bestellung vom	Kundennummer	Rechnungs-Nr.
24.09.20..	24010	33 937

Artikel-Nr.	Artikelbezeichnung	Menge	Einzelpreis €	Gesamtpreis €
120-23	PC-Mac 300	2	552,00	1 100,00
120-56	Drucker HT 5500	2	210,00	420,00
				1 520,00

In diesem Betrag sind 19 % Umsatzsteuer = 242,69 € enthalten.

Zahlbar bis 18.10.20.. ohne Abzug

Bankverbindungen:
Kreissparkasse Köln IBAN: DE38370502990013600564 BIC: COKSDE3XXX
Deutsche Bank Köln IBAN: DE04370700800340731420 BIC: DEUTDEDKXXX
Steuernummer: 223/3137/2973 **USt-IdNr.:** DE583442583

Belegart: ______

Absender: ______

Adressat: ______

Information:

______

Rechnerisch richtig: Ja ☐ Nein ☐

Fehler:

______

Rechnung

Elektro AG *Herstellung von Elektrogeräten und Zubehör*

Mainzer Straße 160 • 10247 Berlin • Tel: 030 2341526-0 • Fax: 030 23415098

Elektro AG, Waldstr. 4, 50800 Berlin

Mars Elektrofachmarkt e. K.
Aachener Straße 1250
50859 Köln

Internet: www.elektro-berlin.de
E-Mail: info@elektro-berlin.de

Datum: 20.10.20..

Verkäufer	Bestellung vom	Kundennummer	Rechnungsnummer	Lieferbedingungen	Zahlungsbedingungen
15	10.10.20..	8394	239267	frei Haus	Sofort–ohne Abzug

Artikelnummer	Menge	Beschreibung	Preis pro Einheit €	Rabatt %	Summe der Positionen €
3533	60	Föhn EF 250	15,90	-	1 113,00
2533	30	Akku-Rasierer DR 300	64,90	10	1 752,30
				Zwischensumme	2 865,30
				USt.	540,41
				Gesamtsumme	3 405,71

Stellen Sie alle Überweisungen auf Elektro AG als Empfänger aus.

Vielen Dank für Ihre Bestellung!

Bankverbindung:
Commerzbank Berlin
IBAN: DE07100400000043205624
BIC: COBADEBBXXX

Steuernummer: 134/1780/3417
USt-IdNr.: DE543842610

Belegart: ______________________

Absender: ______________________

Adressat: ______________________

Information:

____

____

____

____

____

Rechnerisch richtig: Ja ☐ Nein ☐

Fehler:

____

____

____

SEPA-Girokonto IBAN: DE93370502990013600564 **Kontoauszug** **176**
BIC: COKSDE33XXX Blatt 1
Kreissparkasse Köln

Datum	Erläuterungen		Betrag
Kontostand in € am 17.10.20.., Auszug Nr. 175			121 980,00+
18.10.20..	Überweisung ELEKTRO AG Rechnungsnr.:239267 v. 10.10.20..	Wert: 18.10.20..	3 220,49-
18.10.20..	Zahlungseingang FITNESS-CENTER-OASE KG Rechnungsnr.:33937v. 04.10.20..	Wert: 18.10.20..	1 524,00+
Kontostand in € am 18.10.20.., 17:34 Uhr			120 283,50+

Ihr Dispositionskredit 20 000,00 €

Mars Elektrofachmarkt e. K.
Aachener Straße 1250, 50859 Köln

Belegart: ______________________

Absender: ______________________

Adressat: ______________________

Information:

____

____

____

____

____

Paul Konski e. K.
Rosenstr. 3, 50678 Köln, Tel. 0221 22943

Fachgeschäft für Reinigungsmaterial

Mars Elektrofachmarkt e. K.
Köln

	Datum: 13.06.20..	€	Ct
3	Besen	14	97
1	Bodenreiniger	7	25
	Gesamt:	22	22

Vielen Dank für Ihren Besuch

Verk. 3	4557-8	Betrag durch Barzahlung erhalten *Konski* In diesem Betrag sind 19 % USt. = 4,22 € enthalten

Belegart: ______________________

Absender: ______________________

Adressat: ______________________

Information:

____

____

____

Rechnerisch richtig: Ja ☐ Nein ☐

Fehler:

____

____

____

Mars Elektrofachmarkt e. K.		Quittung
Aachener Straße 1250 50859 Köln		€ 57,99
€ in Worten	siebenundfünfzig	Cent wie oben
von	Udo Stefer	
für	Kaffeeautomat Brasilia	
Köln, 12.08.20.. Ort/Datum	Betrag dankend in bar erhalten	
Buchungsvermerke	Stempel/Unterschrift des Empfängers MARS ELEKTROFACHMARKT E. K. i. V. *Heinz Topkoven*	

Belegart: ______________________

Absender: ______________________

Adressat: ______________________

Information:

____

____

____

Übung 2.5: Eine Einnahmen-Überschuss-Rechnung durchführen

Anna-Lena Müller ist Betreiberin eines Schulkiosks. Erstellen Sie aus den folgenden Angaben eine Einnahmen- und Ausgaben-Überschussrechnung und ermitteln Sie einen Einnahmenüberschuss bzw. Einnahmenunterdeckung bis zum Ende der abgelaufenen Schulwoche.

			€
15.06.	Übertrag Einnahmen		10 340,00
	Übertrag Ausgaben		8 780,00
	Eingangsrechnung (ER) 231	Bäckerei Schäfer	65,60
	Eingangsrechnung (ER) 232	Getränkehandlung Dubs	210,50
	Kassenbeleg (KA) 151	Kauf Reinigungsmittel	19,80
	Kassenbericht (KB) 187	Tageseinnahmen Kiosk	516,40
16.06.	Kassenbeleg (KA) 152	Aushilfslohn Klara Marr	290,00
	Kassenbeleg (KA) 153	Wareneinkauf Metro	375,60
	Kassenbericht (KB) 188	Tageseinnahmen Kiosk	483,30
17.06.	Eingangsrechnung (ER) 233	Wartung Kaffeevollautomat	110,00
	Kassenbericht (KB)189	Tageseinnahmen Kiosk	549,70
18.06.	Kassenbeleg (KA) 154	Tankquittung	70,00
	Eingangsrechnung (ER) 234	Bäckerei Schäfer	120,40
	Kassenbericht (KB) 190	Tageseinnahmen Kiosk	490,30
19.06.	Eingangsrechnung (ER) 235	Schokoladengroßhandlung Couven	310,80
	Kassenbeleg (KA) 155	Einkauf Wurst und Käse	85,60
	Eingangsrechnung (ER) 236	Telekom	35,40
	Kassenbericht (KB) 191	Tageseinnahmen Kiosk	528,50

Monat: Juni 20..				Inhaberin Anna-Lena Müller
Tag	**Geschäftsfall**	**Beleg-Nr.**	**Betriebs-einnahmen in €**	**Betriebs-ausgaben in €**
15.06.	Übertrag Einnahmen		10 340,00	
	Übertrag Ausgaben			

Betriebseinnahmen bis zum Abend des 19.06.20..: ______

– Betriebsausgaben bis zum Abend des 19.06.20..: ______

= Einnahmenüberschuss bis zum Abend des 19.06.20..: ______

Übung 2.6: Veränderungen von Vermögen und Kapital durch die Geschäftsfälle

Bearbeiten Sie die nachfolgenden Geschäftsfälle, indem Sie die vier Leitfragen beantworten.

Geschäftsfälle	€	Leitfrage 1 Welche Posten der Bilanz werden durch den Geschäftsfall berührt?	Leitfrage 2 Handelt es sich um Posten der Aktiv- oder Passivseite der Bilanz?	Leitfrage 3 Vermehrt oder vermindert der Geschäftsfall die einzelnen Bilanzposten?	Leitfrage 4 Um welche der vier Bilanzveränderungen handelt es sich?
Geschäftsfall 1 Der Mars Elektrofachmarkt e. K. kauft eine neue Ladentheke und zahlt diese bar (Barkauf einer Ladentheke).	1 420,00	Geschäftsausstattung	Aktivposten	Mehrung +1 420,00 €	Aktivtausch
		Kasse	Aktivposten	Minderung −1 420,00 €	
Geschäftsfall 2 Der Mars Elektrofachmarkt e. K. nimmt ein Darlehen zum Ausgleich einer größeren Liefererrechnung auf.	9 500,00				
Geschäftsfall 3 Der Mars Elektrofachmarkt e. K. gleicht die Eingangsrechnung (ER 390) durch eine Banküberweisung (BA 67) aus.	7 400,00				
Geschäftsfall 4 Ein Kunde bezahlt eine fällige Ausgangsrechnung (AR 96) bar im Geschäft. (Kunde zahlt bar für AR 96.)	490,00				
Geschäftsfall 5 Der Mars Elektrofachmarkt e. K. kauft eine neue Kasse. Die Eingangsrechnung (ER 395) ist in 30 Tagen zu begleichen (Einkauf einer Kasse auf Ziel, ER 395).	2 880,00				

Geschäftsfälle		Leitfrage 1: Welche Posten der Bilanz werden durch den Geschäftsfall berührt?	Leitfrage 2: Handelt es sich um Posten der Aktiv- oder Passivseite der Bilanz?	Leitfrage 3: Vermehrt oder vermindert der Geschäftsfall die einzelnen Bilanzposten?	Leitfrage 4: Um welche der vier Bilanzveränderungen handelt es sich?
Geschäftsfall 6	€				
Ein Kunde bezahlt die Ausgangsrechnung (AR 101) durch eine Banküberweisung (BA 411). (Kunde zahlt durch Banküberweisung, BA 411 für AR 101.)	920,00				
Geschäftsfall 7	€				
Der Mars Elektrofachmarkt e. K. überweist eine Rate (BA 413) zur Tilgung eines Darlehens (Tilgung eines Darlehens durch BA 413).	1 000,00				
Geschäftsfall 8	€				
Der Mars Elektrofachmarkt e. K. verkauft eine gebrauchte Kasse (KA 322) bar (Barverkauf einer gebrauchten Kasse).	220,00				
Geschäftsfall 9	€				
Der Mars Elektrofachmarkt e. K. kauft einen neuen Lieferwagen. Die Eingangsrechnung (ER 396) ist in 20 Tagen zu begleichen (Fuhrpark, ER 396 auf Ziel).	20 120,00				
Geschäftsfall 10	€				
Ein Großkunde begleicht eine Rechnung über 5 Kühlschränke (AR 102) mit einer Banküberweisung (BA 414).	1 450,00				

Übung 2.7: Buchung der Wertveränderung auf Bestandskonten

Eröffnen Sie die Bestandskonten und buchen Sie die Geschäftsfälle aus der Übung 2.5.

Eröffnungsbilanz Mars Elektrofachmarkt e. K. in €

Aktiva		Passiva	
I. Anlagevermögen		I. **Eigenkapital**	989 500,00
1. Grundstück mit Bauten	765 000,00	II. **Verbindlichkeiten (Schulden)**	
2. Fuhrpark	212 000,00	1. **langfristige** Darlehensschulden	760 000,00
3. Geschäftsausstattung	170 500,00	2. **kurzfristige** Verbindlichkeiten a. LL.	373 700,00
II. Umlaufvermögen			
1. Warenbestand	650 700,00		
2. Forderungen a. LL.	21 200,00		
3. Kasse	5 100,00		
4. Bankguthaben	298 700,00		
	2 123 200,00		2 123 200,00

Aktivkonten ⇩

S Grundstücke mit Bauten H

S Fuhrpark H

S Geschäftsausstattung H

S Warenbestand H

S Forderungen a. LL. H

S Kasse H

S Bankguthaben H

Passivkonten ⇩

S Eigenkapital H

S Darlehensschulden H

S Verbindlichkeiten a. LL. H

Lernsituation 3: Sie erfassen Belege systematisch im Grund- und Hauptbuch

Mehmet arbeitet nun schon seit einiger Zeit in der Buchführung. Das Geschäftsjahr nähert sich dem Ende und die damit einhergehenden Belastungen sind auch für alle Mitarbeiter des Rechnungswesens spürbar. Als Mehmets Ausbilderin, Frau Feld, zu Mehmet ins Büro kommt, überreicht sie ihm einen ungeordneten Stapel Belege.

Frau Feld: *„Bitte buchen Sie die Geschäftsfälle und schließen Sie die betreffenden Konten ab. Zu Ihrer Hilfe haben Sie hier den Stand der letzten vergebenen Belegnummern (Lfd. Nr. 3600, KA 710, ER 540, BA 150).“*

Mars Elektrofachmarkt e. K. — **Quittung**

Aachener Straße 1250
50859 Köln

€ 180,00

€ in Worten: einhundertachtzig (Cent wie oben)

von: Julia Cloos

für: Ladenregal – gebraucht

Belegnummer:

Köln, 20.12.20.. — Betrag dankend in bar erhalten

Ort/Datum

Buchungsvermerke

Stempel/Unterschrift des Empfängers
MARS ELEKTROFACHMARKT E. K.
i. V. *Heinz Topkoven*

SEPA-Girokonto IBAN: DE93370502990013600564 BIC: COKSDE33XXX — **Kontoauszug** 152, **Blatt** 1

Kreissparkasse Köln

Datum	Erläuterungen		Betrag
Kontostand in € am 18.12.20.., Auszug Nr. 151			205 000,00+
21.12.20..	Bareinzahlung KASSENEINNAHMEN MARS ELEKTROFACHMARKT E. K.	Wert: 21.12.20..	65 000,00+
Kontostand in € am 21.12.20.., 10:50 Uhr			270 000,00+

Belegnummer:

Ihr Dispositionskredit 200 000,00 €

Mars Elektrofachmarkt e. K.
Aachener Straße 1250, 50859 Köln

Computec GmbH & Co. KG
Hard- und Softwarebetrieb

Computec GmbH & Co. KG, Volksparkstr. 12–20, 22525 Hamburg
Mars Elektrofachmarkt e. K.
Aachener Straße 1250
50859 Köln

Telefon: 040 2244 669
Fax: 040 2244 664
E-Mail: oeztuerk@computec-vertrieb.de
Internet: www.computec-vertrieb.de
Auftrag vom: *15.12.20..*
Rechnungs-Nr.: 713-12

Datum: 22.12.20..

RECHNUNG

Bei Zahlung bitte angeben

Artikel-Nr.	Artikel-bezeichnung	Menge	Rabatt %	Einzelpreis €	Gesamtpreis €
3402	Kassendisplay Siemon FLY	10		210,00	2 100,00

Belegnummer:

LKW-Handel JOOST e.K.

LKW-Handel JOOST e.K. Wodanstr. 15, 51107 Köln
Mars Elektrofachmarkt e. K.
Aachener Straße 1250
50859 Köln

Telefon: 0221 785746
Fax: 0221 785748
E-Mail: info@lkw-handel-joost.de
Internet: www.lkw-handel-joost.de
Auftrags-Nr.: 455-112

Datum: 19.12.20..

Rechnung

Amtl. Kennz.	TypModell	Fahrzeug-Ident.-Nr.	Zulassungstag	Annahmetag	km-Stand	KD-Meister
K–ME–700	MB-102	3912-1295–32	21.12.20..		512	

Für Ihre Bestellung danken wir Ihnen.

1 Lkw 7,5 Tonnen MB102 — 40 000,00 €

Belegnummer:

SEPA-Girokonto IBAN: DE93370502990013600564 **Kontoauszug 151**
BIC: COKSDE33XXX Blatt 1
Kreissparkasse Köln

Datum	Erläuterungen		Betrag
Kontostand in € am 16.12.20.., Auszug Nr. 150			210 000,00+
18.12.20..	Tilgung Darlehensvertrag 35960-63	Wert: 18.12.20..	5 000,00-
Kontostand in € am 18.12.20.., 11:34 Uhr			205 000,00+

Belegnummer

Ihr Dispositionskredit 200 000,00 €

Mars Elektrofachmarkt e. K.
Aachener Straße 1250, 50859 Köln

SEPA-Girokonto IBAN: DE93370502990013600564 **Kontoauszug 153**
BIC: COKSDE33XXX Blatt 1
Kreissparkasse Köln

Datum	Erläuterungen		Betrag
Kontostand in € am 21.12.20.., Auszug Nr. 152			270 000,00+
22.12.20..	Zahlungseingang FITNESS-CENTER-OASE KG RECHNUNGSNUMMER 33397 RECHNUNGSDATUM 04.12.20..	Wert: 22.12.20..	1 520,00+
Kontostand in € am 22.12.20.., 9:49 Uhr			271 520,00+

Belegnummer

Ihr Dispositionskredit 200 000,00 €

Mars Elektrofachmarkt e. K.
Aachener Straße 1250, 50859 Köln

Mars Elektrofachmarkt e. K. — **Quittung**
Aachener Straße 1250
50859 Köln

€ 4 400,00

€ in Worten: viertausendvierhundert (Cent wie oben)

von: LKW-Gebrauchthandel Lindemann

für: Kleintransporter Fiat F 70

Belegnummer

Köln, 17.12.20.. Betrag dankend in bar erhalten

Ort/Datum

Buchungsvermerke

Stempel/Unterschrift des Empfängers
MARS ELEKTROFACHMARKT E. K.
i. V. *Heinz Topkoven*

SEPA-Girokonto IBAN: DE93370502990013600564 **Kontoauszug 154**
BIC: COKSDE33XXX Blatt 1
Kreissparkasse Köln

Datum	Erläuterungen		Betrag
Kontostand in € am 22.12.20.., Auszug Nr. 153			271 520,00+
23.12.20..	Überweisung LKW HANDEL JOOST e.k. AUFTRAGSNUMMER 455-112 RECHNUNGSDATUM 19.12.20..	Wert: 23.12.20..	40 000,00–
Kontostand in € am 23.12.20.., 9:10 Uhr			231 520,00+

Belegnummer

Ihr Dispositionskredit 200 000,00 €

Mars Elektrofachmarkt e. K.
Aachener Straße 1250, 50859 Köln

Beschreibung und Analyse der Situation

Bilden Sie eine Verergruppe und beschreiben Sie in Stichworten, was in der Rechnungswesenabteilung im Zuammenhang mit den vorliegenden Belegen zu beachten ist.

Planen und Durchführen I

Planen Sie die einzelnen Arbeitsschritte zur ordnungsgemäßen Erfassung der abgebildeten Belege und stellen Sie diese in einem Ablaufschema dar.

1. Schritt

____

2. Schritt

____

3. Schritt

____

4. Schritt

____

5. Schritt

____

6. Schritt

____

____

Bewerten I

- Übertragen Sie Ihren Ablaufplan z. B. auf ein Plakat und stellen Sie ihn in Ihrer Klasse vor.
- Klären Sie in einem Klassengespräch, welcher Ablaufplan für das Erfassen und Buchen der Belege am sinnvollsten erscheint.

Lernergebnisse sichern I

Ergänzen Sie Ihren bisherigen Ablaufplan in Ihrem Arbeitsheft und passen Sie ihn ggf. an.

Planen und durchführen II

Führen Sie Ihre Planungen aus und buchen Sie die vorliegenden Belege. Verwenden Sie dazu die folgenden Vorlagen. Benennen Sie Ihre jeweiligen Arbeitsschritte.

Arbeitsschritt: ________________

Mars Elektrofachmarkt e. K. — **Quittung**

Aachener Straße 1250
50859 Köln

€ 180,00

€ in Worten: einhundertachtzig — Cent wie oben

von: Julia Cloos

für: Ladenregal – gebraucht

Belegnummer: ____

Köln, 20.12.20.. — Betrag dankend in bar erhalten

Ort/Datum

Buchungsvermerke

Stempel/Unterschrift des Empfängers
MARS ELEKTROFACHMARKT E. K.
i. V. *Heinz Topkoven*

Belegnummer ________________

Konto	Soll	Haben
____	____	
____		____

gebucht: ________________

SEPA-Girokonto IBAN: DE93370502990013600564 BIC: COKSDE33XXX

Kontoauszug 152 **Blatt** 1

Kreissparkasse Köln

Datum	Erläuterungen		Betrag
Kontostand in € am 18.12.20.., Auszug Nr. 151			205 000,00+
21.12.20..	Bareinzahlung KASSENEINNAHMEN MARS ELEKTROFACHMARKT E. K.	Wert: 21.12.20..	65 000,00+
Kontostand in € am 21.12.20.., 10:50 Uhr			270 000,00+

Belegnummer: ____

Ihr Dispositionskredit 200 000,00 €

Mars Elektrofachmarkt e. K.
Aachener Straße 1250, 50859 Köln

Belegnummer ________________

Konto	Soll	Haben
____	____	
____		____

gebucht: ________________

Computec GmbH & Co. KG
Hard- und Softwarebetrieb

Computec GmbH & Co. KG, Volksparkstr. 12–20, 22525 Hamburg
Mars Elektrofachmarkt e. K.
Aachener Straße 1250
50859 Köln

Telefon: 040 2244 669
Fax: 040 2244 664
E-Mail: oeztuerk@computec-vertrieb.de
Internet: www.computec-vertrieb.de
Auftrag vom: 15.12.20..
Rechnungs-Nr.: 713-12
Datum: 22.12.20..

RECHNUNG

Bei Zahlung bitte angeben

Artikel-Nr.	Artikelbezeichnung	Menge	Rabatt %	Einzelpreis €	Gesamtpreis €
3402	Kassendisplay Siemon FLY	10		210,00	2 100,00

Belegnummer: ____

Belegnummer ________________

Konto	Soll	Haben
____	____	
____		____

gebucht: ________________

LKW-Handel JOOST e.K.

LKW-Handel JOOST e.K. Wodanstr. 15, 51107 Köln
Mars Elektrofachmarkt e. K.
Aachener Straße 1250
50859 Köln

Telefon: 0221 785746
Fax: 0221 785748
E-Mail: info@lkw-handel-joost.de
Internet: www.lkw-handel-joost.de
Auftrags-Nr.: 455-112
Datum: 19.12.20..

Rechnung

Amtl. Kennz.	*TypModell*	*Fahrzeug-Ident.-Nr.*	*Zulassungstag*	*Annahmetag*	*km-Stand*	*KD-Meister*
K–ME–700	MB-102	3912-1295–32	21.12.20..		512	

Für Ihre Bestellung danken wir Ihnen.

1 Lkw 7,5 Tonnen MB102 40 000,00 €

Belegnummer

Belegnummer

Konto	Soll	Haben

gebucht: ____________

SEPA-Girokonto IBAN: DE93370502990013600564 **Kontoauszug 151**
BIC: COKSDE33XXX
Kreissparkasse Köln Blatt 1

Datum	Erläuterungen		Betrag
Kontostand in € am 16.12.20.., Auszug Nr. 150			210 000,00+
18.12.20..	Tilgung Darlehensvertrag 35960-63	Wert: 18.12.20..	5 000,00-
Kontostand in € am 18.12.20.., 11:34 Uhr			205 000,00+

Belegnummer

Ihr Dispositionskredit 200 000,00 €

Mars Elektrofachmarkt e. K.
Aachener Straße 1250, 50859 Köln

Belegnummer

Konto	Soll	Haben

gebucht: ____________

SEPA-Girokonto IBAN: DE93370502990011360056 4 **Kontoauszug 153**
BIC: COKSDE33XXX
Kreissparkasse Köln Blatt 1

Datum	Erläuterungen		Betrag
Kontostand in € am 21.12.20.., Auszug Nr. 152			270 000,00+
22.12.20..	Zahlungseingang FITNESS-CENTER-OASE KG RECHNUNGSNUMMER 33397 RECHNUNGSDATUM 04.12.20..	Wert: 22.12.20..	1 520,00+
Kontostand in € am 22.12.20.., 9:49 Uhr			271 520,00+

Belegnummer

Ihr Dispositionskredit 200 000,00 €

Mars Elektrofachmarkt e. K.
Aachener Straße 1250, 50859 Köln

Belegnummer

Konto	Soll	Haben

gebucht: ____________

Mars Elektrofachmarkt e. K.			Quittung
	Aachener Straße 1250 50859 Köln	€	4 400 00
€ in Worten	viertausendvierhundert		Cent wie oben
von	Lkw-Gebrauchthandel Lindemann		Belegnummer
für	Kleintransporter Fiat F 70		
Köln, 17.12.20..		Betrag dankend in bar erhalten	
Ort/Datum			
Buchungsvermerke		Stempel/Unterschrift des Empfängers MARS ELEKTROFACHMARKT E. K. i. V. *Heinz Mayer*	

Belegnummer

Konto	Soll	Haben

gebucht:

SEPA-Girokonto IBAN: DE93370502990013600564 BIC: COKSDE33XXX **Kontoauszug 154** Blatt 1

Kreissparkasse Köln

Datum	Erläuterungen		Betrag
Kontostand in € am 22.12.20.., Auszug Nr. 153			271 520,00+
23.12.20..	Überweisung LKW HANDEL JOOST e. K. AUFTRAGSNUMMER 455-112 RECHNUNGSDATUM 19.12.20..	Wert: 23.12.20..	40 000,00-
Kontostand in € am 23.12.20.., 9:10 Uhr			231 520,00+

Belegnummer

Ihr Dispositionskredit 200 000,00 €

Mars Elektrofachmarkt e. K.
Aachener Straße 1250, 50859 Köln

Belegnummer

Konto	Soll	Haben

gebucht:

Arbeitsschritt:

Mars Elektrofachmarkt e. K.					
Grundbuch				Seite 351	
Lfd. Nr.	Buchungsdatum	Beleg	Buchungssatz	Soll in €	Haben in €
3601					
3602					
3603					
3604					
3605					
3606					
3607					
3608					

Arbeitsschritt: ______________________________

S	Grundstücke mit Bauten	H
AB	765 000,00	

S	Eigenkapital	H
	AB	989 100,00

S	Fuhrpark	H
AB	200 000,00	

S	Darlehensschulden	H
	AB	690 000,00

S	Geschäftsausstattung	H
AB	175 000,00	

S	Verbindlichkeiten a. LL.	H
	AB	380 000,00

S	Warenbestand	H
AB	610 000,00	

S	Forderungen a. LL.	H
AB	27 000,00	

S	Kasse	H
AB	72 100,00	

S	Bankguthaben	H
AB	210 000,00	

Arbeitsschritt: ______________________________

Soll	Schlussbilanzkonto	Haben

Bewerten II

Vergleichen Sie Ihre Ergebnisse zunächst mit denen Ihrer Sitznachbarin/Ihres Sitznachbarn, bevor Sie die Ergebnisse in der Klasse besprechen.

Lernergebnisse sichern II

Denken Sie über Ihren zurückliegenden Arbeitsprozess nach und verfassen Sie in **Fließtext** eine Arbeitsanweisung zum ordnungsgemäßen Buchen von Geschäftsfällen für eine neue Kollegin/einen neuen Kollegen.

Ergänzend zu den von Ihnen verfassten Arbeitsanweisungen können Sie in Ihrer Klasse Erklärvideos erstellen. Dazu sollten Sie in Gruppen zu je vier Personen arbeiten.

Übung 3.1: Den Erfolg einer Sonderaktion ermitteln

Lange wurde in der Center Warenhaus GmbH diskutiert, ob zur anstehenden Meisterschaft der Fußballnationalmannschaften ein Sonderstand im Eingangsbereich des Erdgeschosses aufgebaut werden soll, in welchem Fanartikel der Nationalmannschaft angeboten werden. Für dieses Jahr hat man sich entschlossen, es einmal auszuprobieren. Nach Ende der Aktion wird schließlich ausgewertet. Es liegen die folgenden Informationen vor:

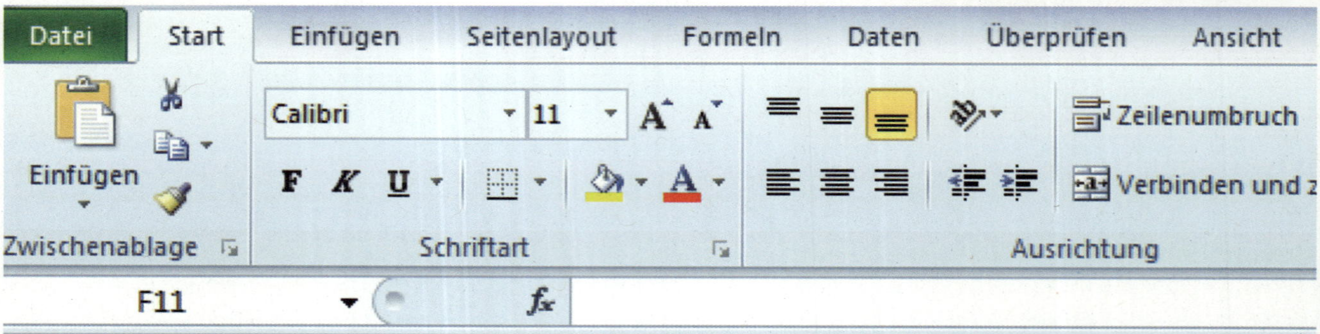

	A	B
1	**Position**	
2	Wareneinkauf Trikots und Textilien	29.580,00 €
3	Wareneinkauf Fußbälle	5.410,00 €
4	Wareneinkauf sonstige Fanartikel	13.800,00 €
5	anteilige Mietaufwendungen für den Verkaufsstand - 25 qm	9.300,00 €
6	anteilige Gehälter	5.900,00 €
7	Kosten für Werbung (Flyer und Zeitungsanzeigen)	3.900,00 €
8	sonstige Aufwendungen (Energie, Reinigung, etc.)	1.700,00 €
9	Nettoumsatzerlöse (Umsatzerlöse ohne Mehrwertsteuer)	81.200,00 €

a) Berechnen Sie, wie hoch der Gewinn oder Verlust ist, den die Center Warenhaus GmbH mit der durchgeführten Sonderaktion erwirtschaftet hat.

b) Beschreiben Sie, auf welche Bilanzposition sich der erzielte Gewinn oder Verlust wie auswirkt.

c) Im Rahmen einer innerbetrieblichen Ausbildungsveranstaltung erhält die Auszubildende Sabine Freund von ihrem Ausbilder, Herrn Schmick, den Auftrag, die angefallenen Aufwendungen und Erträge exemplarisch auf den folgenden Übungskonten zu buchen.

S	Eigenkapital		H
		AB	10000,00

Erfolgskonten

S	Aufwendungen für Waren	H

S	Umsatzerlöse für Waren	H

S	Miete	H

S	Gehälter	H

S	Werbung	H

S	sonstige Aufwendungen	H

Soll	Gewinn- und Verlustkonto	Haben

Übung 3.2: Aufwand, Ertrag oder erfolgsneutraler Geschäftsfall

Überlegen Sie zu jedem Geschäftsfall des Mars Elektrofachmarkt e. K., ob es sich um einen Aufwand, einen Ertrag oder einen erfolgsneutralen Geschäftsfall handelt. (Bitte geben Sie bei einem erfolgsneutralen Geschäftsfall die Art der Bilanzveränderung an.)

Lfd. Nr.	Beleg	Geschäftsfälle	€	Aufwand, Ertrag oder erfolgsneutraler Geschäftsfall
1	ER	Wareneinkauf auf Ziel	9800,00	
2	BA	Die Bank schreibt Zinsen gut.	122,00	
3	KA	Auszahlung von Aushilfslöhnen	1820,00	
4	BA	Ein Kunde überweist eine fällige Ausgangsrechnung.	590,00	
5	AR	Verkauf von Waren auf Ziel	7500,00	
6	BA	Banküberweisung für Gas durch Einzugsermächtigung	2000,00	
7	BA	Zahlung an einen Lieferer durch Banküberweisung	5960,00	
8	KA	Verkäufe von Waren bar	23950,00	
9	ER	Reparatur der Rolltreppe in den Verkaufsräumen	1020,00	
10	BA	Banküberweisung der fälligen Gewerbesteuer durch Einzugsermächtigung	2340,00	
11	BA	Banküberweisung einer Darlehensrate	5000,00	
12	BA	Banküberweisung für gemietete Gebäude	6200,00	
13	ER	Einkauf einer neuen Ladentheke auf Ziel	1900,00	
14	KA	Warenverkauf bar	120,00	
15	KA	Wareneinkauf bar auf dem Großmarkt	500,00	
16	KB	Einkauf von Postwertzeichen	9,00	
17	BA	Ein Großkunde überweist eine Rechnung.	12500,00	
18	ER	Eine Werbeagentur berechnet die Gestaltung einer Zeitungsanzeige.	1200,00	

Lfd. Nr.	Beleg	Geschäftsfälle	€	Aufwand, Ertrag oder erfolgsneutraler Geschäftsfall
19	BA	Überweisung der Gehälter	10 800,00	
20	KA	Verkauf eines gebrauchten Warenträgers	100,00	

Übung 3.3: Geschäftsfälle zu den Erfolgskonten

Vervollständigen Sie die Tabelle nach folgendem Beispiel.

Geschäftsfälle		Welche Konten werden von dem Geschäftsfall betroffen?	Zu welcher Kontenart gehören die Konten?	Buchungstext	Soll	Haben
Geschäftsfall 1	€	Versicherungsbeiträge	Aufwandskonto	Versicherungsbeiträge an Bank	1 420,00	
Banküberweisung des Mars Elektrofachmarkt e. K. für Versicherungsbeiträge	1 420,00	Bank	Bestandskonto			1 420,00
Geschäftsfall 2	€					
Tageslosung (Barverkauf von Waren) des Mars Elektrofachmarkt e. K.	31 580,00					
Geschäftsfall 3	€					
Banküberweisung für die Gehälter der Angestellten	21 000,00					
Geschäftsfall 4	€					
Der Mars Elektrofachmarkt e. K. kauft von der Sany AG 10 LCD-Fernseher mit einem Zahlungsziel von 30 Tagen.	5 400,00					
Geschäftsfall 5	€					
Der Mars Elektrofachmarkt e. K. erhält eine Überweisung für vermietete Büroräume.	1 050,00					

Geschäftsfälle		Welche Konten werden von dem Geschäftsfall betroffen?	Zu welcher Kontenart gehören die Konten?	Buchungstext	Soll	Haben
Geschäftsfall 6	**€**					
Der Mars Elektrofachmarkt e. K. überweist die Miete für sein Außenlager.	2 200,00					

Übung 3.4: Beleggeschäftsgang – auf Bestands- und Erfolgskonten buchen und einen Jahresabschluss durchführen

a) Sichten, prüfen und sortieren Sie die unten abgebildeten Belege nach Datum.
b) Versehen Sie die Belege mit den entsprechenden Belegnummern (letzte vergebene Belegnummer: lfd. Nr. 100, Kassenbeleg (KA 40), Eingangsrechnung (ER 20, Ausgangsrechnung (AR 05), Bankbeleg (BA 30)).
c) Kontieren Sie die Belege vor.
d) Erfassen Sie die Belege im Grund- und im Hauptbuch. (Anfangsbestände sind vorgegeben.)
e) Führen Sie den Abschluss zum 31.03.20.. durch.

MARS Elektrofachmarkt e.K.

Belegnummer

Mars Elektrofachmarkt e. K., Aachener Straße 1250, 50859 Köln
Hotel Rheinischer Hof KG
Marzellenstr. 10
50667 Köln

Telefon: 0221 1610 705
Fax: 0221 1700 088
E-Mail: info@mars-elektrofachmarkt.de
Internet: www.mars-elektrofachmacht.de

Datum: 18.03.20..

RECHNUNG/AUFTRAGSBESTÄTIGUNG

Bei Zahlung/Rücksendung/Gutschrift unbedingt angeben

Bestellung vom:	Kundennummer:	Rechnungs-Nr.
24.02.20..	24026	20811

Artikel-Nr.	Artikelbezeichnung	Menge	Einzelpreis €	Gesamtpreis €
134-24	Waschmaschine Clean 400	2	986,00	1 972,00
120-56	Drucker HT 5500	1	210,00	210,00
				2 182,00

Zahlbar innerhalb von 30 Tagen netto

Giesen & Co. OHG

Belegnummer

Giesen & Co. OHG, Quarzstraße 98, 51371 Leverkusen
Mars Elektrofachmarkt e. K.
Aachener Straße 1250
50859 Köln

Telefon: 0214 7
Fax: 0214 7
E-Mail: info@g
Internet: www.g

Datum: 16.03.2

RECHNUNG

Ihre Bestellung: 12. März 20.. Rechnungs-Nr.110-02
Lieferdatum: 16. März 20.. Bei Zahlung bitte angeben

Artikel-Nr.	Artikelbezeichnung	Menge	Einzelpreis €	Gesamtpreis €
220-01	Gefriertruhe Alaska	10	190,00	1 900,00
340-03	Kühlschrank Kitchen 140 l	5	110,00	550,00
			Gesamtbetrag:	**2 450,00**

Betrag dankend in bar erhalten

Auszug Kassenbericht Zentralkasse

Mars Elektrofachmarkt e. K.
EKZ Rheinpark Köln
Tel. 0221 1610705

Belegnummer

Kassenumsätze
16.03.20.. bis 22.03.20..

Finanzbericht	
Barverkäufe	**75 200,00 €**
Anzahl Artikel	3810
Anzahl Kunden	2135

SEPA-Girokonto IBAN: DE93370502990013600564 BIC: COKSDE33XXX
Kontoauszug 31
Kreissparkasse Köln Blatt 1

Datum	Erläuterungen		Betrag
Kontostand in € am 13.03.20.., Auszug Nr. 30			30 000,00+
14.03.20..	Überweisungen	Wert: 14.03.20..	
	GEHALT FELD		3 400,00-
	GEHALT PULWEY		2 600,00-
	GEHALT AGIRMAN		2 700,00-
Kontostand in € am 14.03.20.., 9:30 Uhr			21 300,00+

Belegnummer

Ihr Dispositionskredit 200 000,00 €

Mars Elektrofachmarkt e. K.
Aachener Straße 1250, 50859 Köln

SEPA-Girokonto IBAN: DE93370502990013600564 BIC: COKSDE33XXX
Kontoauszug 32
Kreissparkasse Köln Blatt 1

Datum	Erläuterungen		Betrag
Kontostand in € am 14.03.20.., Auszug Nr. 31			21 300,00+
22.03.20..	Bareinzahlung KASSENEINNAHMEN ZENTRALKASSE MARS ELEKTROFACHMARKT E. K.	Wert: 22.03.20..	75 000,00+
Kontostand in € am 22.03.20.., 11:03 Uhr			96 300,00+

Belegnummer

Ihr Dispositionskredit 200 000,00 €

Mars Elektrofachmarkt e. K.
Aachener Straße 1250, 50859 Köln

Deutsche Post AG
50859 Köln
Hohe Straße 1 19. März 20..

84,00 €

Postwertzeichen ohne Zuschlag

Belegnummer

Vielen Dank für Ihren Besuch!
Ihre Deutsche Post AG

ERW

ERW Energie Rheinland AG, Postfach 1760, 50676 Köln
Mars Elektrofachmarkt e. K.
Aachener Straße 1250
50859 Köln

Kundennummer: 24-6946844
Datum: 17. März 20..

Jahreserchnung
Stromlieferung nach Tarif A2

		Zeitraum	Preis	Betrag €
Zähler Nr. 92164352				
Zählerstand Zählerstand Unterschied	0394780 0444000 49220	364 Tage	30,00 Ct/KWh	14 776,00
Zähler:			94,50 € /Jahr	94,50
			Entgelt	**14 860,50**
			Bereits gezahlt	12 000,00
			Rechnungs-betrag	2 860,50

Belegnummer

nnerhalb von 14 Tagen nach Rechnungseingang

SANY AG CD/DVD-Herstellung • Software

Belegnummer

Sany AG, Mainzer Straße 1–3, 80803 München
Mars Elektrofachmarkt e. K.
Aachener Straße 1250
50859 Köln

E-Mail: info@sany.de
Ihre Bestellung vom: 12.03.20..
Lieferdatum: 15.03.20..
Datum: 15.03.20..

RECHNUNG

Rechnungs-Nr.979-09
Bei Zahlung bitte angeben

Artikel-Nr.	Artikel-bezeichnung	Menge	Einzelpreis €	Rabatt in %	Gesamtpreis €
1821023	Sany-Micro-Musikanlage D2	15	71,67		1 075,05

SEPA-Girokonto IBAN: DE93370502990013600564 **Kontoauszug 33**
BIC: COKSDE33XXX
Blatt 1
Kreissparkasse Köln

Datum	Erläuterungen		Betrag
Kontostand in € am 22.03.20.., Auszug Nr. 32			96 300,00+
24.03.20..	Überweisung SANY AG RECHNUNGSNUMMER 979 -09 RECHNUNGSDATUM 15.03.20..	Wert: 24.03.20..	1 075,05-
24.03.20..	Lastschrift BUCHUNGSSTELLE TELECOM		330,00-
Kontostand in € am 24.03.20.., 10:23 Uhr			94 894,95+

Belegnummer

Ihr Dispositionskredit 200 000,00 €

Mars Elektrofachmarkt e. K.
Aachener Straße 1250, 50859 Köln

Mars Elektrofachmarkt e. K. — **Quittung**
Aachener Straße 1250
50859 Köln

€ 200,00 (Cent wie oben)

€ in Worten: zweihundert

von: Velo Schnauf e. K.

für: Registrierkasse - gebraucht

Köln, 25.03.20.. — Betrag dankend in bar erhalten
Ort/Datum

Stempel/Unterschrift des Empfängers
MARS ELEKTROFACHMARKT E. K.
i.V. *Heinz Mayer*

Belegnummer

______

Übertragung der Belegnummer und Vorkontierung der Belege:

SEPA-Girokonto IBAN: DE93370502990013600564 **Kontoauszug 31**
BIC: COKSDE33XXX
Blatt 1
Kreissparkasse Köln

Datum	Erläuterungen		Betrag
Kontostand in € am 13.03.20.., Auszug Nr. 30			30 000,00+
14.03.20..	Überweisungen	Wert: 14.03.20..	
	GEHALT FELD		3 400,00-
	GEHALT PULWEY		2 600,00-
	GEHALT AGIRMAN		2 700,00-
Kontostand in € am 14.03.20.., 9:30 Uhr			21 300,00+

Ihr Dispositionskredit 200 000,00 €

Mars-Elektrofachmarkt e. K.
Aachener Straße 1250, 50859 Köln

Belegnummer

______

Konto	Soll	Haben
______	______	
______		______

gebucht: ______

CD/DVD-Herstellung • Software
SANY AG

Sany AG, Mainzer Straße 1–3, 80803 München
Mars Elektrofachmarkt e. K.
Aachener Straße 1250
50859 Köln

Fax: 089 435267-9
Internet: www.sany.de
E-Mail: info@sany.de
Ihre Bestellung vom: 12.03.20..
Lieferdatum: 15.03.20..
Datum: 15.03.20..

RECHNUNG

Rechnungs-Nr.979-09
Bei Zahlung bitte angeben

Artikel-Nr.	Artikel-bezeichnung	Menge	Einzelpreis €	Rabatt in %	Gesamtpreis €
1821023	Sany-Micro-Musikanlage D2	15	71,67		1 075,05

Belegnummer

______

Konto	Soll	Haben
______ ______	______	
______		______

gebucht: ______

Giesen & Co. OHG

Giesen & Co. OHG, Quarzstraße 98, 51371 Leverkusen
Mars Elektrofachmarkt e. K.
Aachener Straße 1250
50859 Köln

Telefon: 0214 766754
Fax: 0214 766734
Internet: www.giesen-geraete.de
E-Mail: info@giesen.de

Datum: 16.03.20..

RECHNUNG

Ihre Bestellung: 12. März 20.. Rechnungs-Nr. 110-02

Lieferdatum: 16. März 20.. Bei Zahlung bitte angeben

Artikel-Nr.	Artikelbezeichnung	Menge	Einzelpreis €	Gesamtpreis €
220-01	Gefriertruhe Alaska	10	190,00	1 900,00
340-03	Kühlschrank Kitchen 140 l	5	110,00	550,00
			Gesamtbetrag:	**2 450,00**

Betrag dankend in bar erhalten

Belegnummer

____

Konto	Soll	Haben
________	________	
________		
________		________

gebucht: ______________

ERW

ERW Energie Rheinland AG, Postfach 1760, 50676 Köln
Mars Elektrofachmarkt e. K.
Aachener Straße 1250
50859 Köln

Kundennummer: 24-6946844
Datum: 17. März 20..

Jahreserchnung
Stromlieferung nach Tarif A2

		Zeitraum	Preis	Betrag €
Zähler Nr. 92164352				
Zählerstand Zählerstand Unterschied	0394780 0444000 49220	364 Tage	30,00 Ct/KWh	14 776,00
Zähler:			94,50 € /Jahr	94,50
			Entgelt	**14 860,50**
			Bereits gezahlt	12 000,00
			Rechnungs-betrag	**2 860,50**

Rechnungsbetrag zahlbar innerhalb von 14 Tagen nach Rechnungseingang

Belegnummer

____

Konto	Soll	Haben
________	________	
________		
________		________

gebucht: ______________

MARS
Elektrofachmarkt e.K.

Mars Elektrofachmarkt e. K., Aachener Straße 1250, 50859 Köln

Hotel Rheinischer Hof KG
Marzellenstr. 10
50667 Köln

Telefon: 0221 1610 705
Fax: 0221 1700 088
E-Mail: info@mars-elektrofachmarkt.de
Internet: www.mars-elektrofachmacht.de

Datum: 18.03.20..

RECHNUNG/AUFTRAGSBESTÄTIGUNG

Bei Zahlung/Rücksendung/Gutschrift unbedingt angeben

Bestellung vom:	Kundennummer:	Rechnungs-Nr.
24.02.20..	24026	20811

Artikel-Nr.	Artikelbezeichnung	Menge	Einzelpreis €	Gesamtpreis €
134-24	Waschmaschine Clean 400	2	986,00	1 972,00
120-56	Drucker HT 5500	1	210,00	210,00
				2 182,00

Zahlbar innerhalb von 30 Tagen netto

Belegnummer

Konto	Soll	Haben

gebucht:

Deutsche Post AG
50859 Köln
Hohe Straße 1 19. März 20..

84,00 €

Postwertzeichen ohne Zuschlag

Vielen Dank für Ihren Besuch!
Ihre Deutsche Post AG

Belegnummer

Konto	Soll	Haben

gebucht:

Auszug Kassenbericht Zentralkasse

Mars Elektrofachmarkt e. K.
EKZ Rheinpark Köln
Tel. 0221 1610705

Kassenumsätze
16.03.20.. bis 22.03.20..

Finanzbericht

Barverkäufe	**75 200,00 €**
Anzahl Artikel	3810
Anzahl Kunden	2135

Belegnummer

Konto	Soll	Haben

gebucht:

SEPA-Girokonto IBAN: DE93370502990013600564 **Kontoauszug 32**
BIC: COKSDE33XXX
Kreissparkasse Köln Blatt 1

Datum	Erläuterungen		Betrag
Kontostand in € am 14.03.20.., Auszug Nr. 31			21 300,00+
22.03.20..	Bareinzahlung KASSENEINNAHMEN ZENTRALKASSE MARS ELEKTROFACHMARKT E. K.	Wert: 22.03.20..	75 000,00+
Kontostand in € am 22.03.20.., 11:03 Uhr			96 300,00+

Ihr Dispositionskredit 200 000,00 €

Mars Elektrofachmarkt e. K.
Aachener Straße 1250, 50859 Köln

Belegnummer

Konto	Soll	Haben

gebucht:

SEPA-Girokonto IBAN: DE93370502990013600564 **Kontoauszug 33**
BIC: COKSDE33XXX
Kreissparkasse Köln Blatt 1

Datum	Erläuterungen		Betrag
Kontostand in € am 22.03.20.., Auszug Nr. 32			96 300,00+
24.03.20..	Überweisung SANY AG RECHNUNGSNUMMER 979 -09 RECHNUNGSDATUM 15.03.20..	Wert: 24.03.20..	1 075,05-
24.03.20..	Lastschrift BUCHUNGSSTELLE TELECOM		330,00-
Kontostand in € am 24.03.20.., 10:23 Uhr			94 894,95+

Ihr Dispositionskredit 200 000,00 €

Mars Elektrofachmarkt e. K.
Aachener Straße 1250, 50859 Köln

Belegnummer

Konto	Soll	Haben

gebucht:

Mars Elektrofachmarkt e. K.		Quittung
Aachener Straße 1250 50859 Köln	€	200,00
€ in Worten	zweihundert	Cent wie oben
von	Velo Schnauf e. K.	
für	Registrierkasse - gebraucht	
Köln, 25.03.20..	Betrag dankend in bar erhalten	
Ort/Datum		
Buchungsvermerke	Stempel/Unterschrift des Empfängers MARS ELEKTROFACHMARKT E. K. i. V. *Heinz Mayer*	

Belegnummer

____

Konto	Soll	Haben
________	________	
________		________

gebucht: _______________

Mars Elektrofachmarkt e. K.					
Grundbuch				Seite 120	
Lfd. Nr.	Buchungsdatum	Beleg	Buchungssatz	Soll in €	Haben in €
101					
102					
103					
104					
105					
106					
107					
108					
109					
110					
Abschluss der Erfolgskonten					
111					
112					
113					

Mars Elektrofachmarkt e. K.					
Grundbuch				Seite 120	
Lfd. Nr.	Buchungsdatum	Beleg	Buchungssatz	Soll in €	Haben in €
114					
115					
Abschluss des Gewinn- und Verlustkontos					
116					
Abschluss Bestandskonten					
117					
118					
119					
120					
121					
122					

Bestandskonten

S	Geschäftsausstattung		H
AB	80 000,00		

S	Kasse		H
AB	3 000,00		

S	Forderungen a. LL.		H
AB	10 000,00		

S	Verbindlichkeiten a. LL.		H
		AB	40 000,00

S	Bank	H
AB	30 000,00	

S	Eigenkapital	H
	AB	83 000,00

Erfolgskonten

S	Gehälter	H

S	Postentgelte/Telekommunikation	H

S	Aufwendungen für Waren	H

S	Umsatzerlöse für Waren	H

S	Aufwendungen für Energie	H

Soll	**Gewinn- und Verlustkonto**	**Haben**

Soll	**Schlussbilanzkonto**	**Haben**

Lernsituation 4: Sie werten das Konto „Gewinn und Verlust" zur Kontrolle der Wirtschaftlichkeit aus und leiten erste Maßnahmen zur Verbesserung der Unternehmenssituation ab

Krisenstimmung in der Center Warenhaus GmbH. Die Geschäftsführung, vertreten durch Herrn Becker, hat zu einer außerordentlichen Personalversammlung des Unternehmens geladen. Bereits im Vorfeld ist durchgesickert, dass die Geschäftszahlen des vergangenen Jahres offenbar nicht die Erwartungen erfüllt haben. Nach einer kurzen Ansprache kommt Herr Becker auch sogleich zur Sache und präsentiert die aufbereiteten Zahlen der Gewinn- und Verlustrechnung:

„... so hat unser Unternehmen also bei Weitem seine Ziele verfehlt. Als Unternehmensleitung müssen wir hierauf reagieren, um diesen Trend zu stoppen. Dabei haben wir ein Interesse, unser bisher ausgezeichnetes Betriebsklima zu erhalten und alle Arbeitsplätze im Unternehmen zu sichern. Dennoch werden wir einiges verändern müssen. Um nun nichts übers Knie zu brechen, wollen wir Sie alle an diesem Prozess beteiligen. Suchen Sie deshalb im Rahmen Ihrer anstehenden Teamsitzungen in Ihren Abteilungen gemeinsam nach Lösungen. Über Ihre Abteilungsleiter sammeln wir Ihre Vorschläge, die wir in der Geschäftsleitung gewissenhaft prüfen ..."

Aufbereitete Zahlen der Gewinn- und Verlustrechnung:

Aufwendungen und Erträge	Nach Geschäftsjahren in T€			
	Jahr 1	%	Jahr 2	%
Aufwendungen für Waren	8650		9080	
Personalaufwendungen	2870		3000	
Mieten	201		244	
Aufwendungen für Kfz	80		120	
Werbung	520		330	
Betriebliche Steuern	64		75	
Zinsaufwendungen	243		220	
Sonstige Aufwendungen (Büromaterial, Instandhaltung usw.)	820		820	
SUMME:	13448	100	13889	100
Umsatzerlöse für Waren	14270		13700	

Beschreibung und Analyse der Situation

Arbeiten Sie in Gruppen. Diese repräsentieren jeweils eine Abteilung der Center Warenhaus GmbH. Analysieren Sie die vorgelegten Zahlen.

a) Berechnen Sie in der oben dargestellten Tabelle die Anteile der jeweiligen Aufwendungen an den Gesamtaufwendungen (auf zwei Stellen nach dem Komma runden).

b) Stellen Sie die Anteile der jeweiligen Aufwendungen vergleichend in einem Säulendiagramm dar.

Tipp: Dies können Sie manuell oder mithilfe eines Computers tun.

Stabdiagramm:

c) Ermitteln Sie den Umsatz, den Wareneinsatz, den Warenrohgewinn, die Handlungskosten, den Handlungskostenzuschlagssatz, den Gewinn sowie die Wirtschaftlichkeit der Center Warenhaus GmbH in den vergangenen zwei Jahren und stellen Sie diese Werte in der unten aufgeführten Tabelle dar (auf zwei Stellen nach dem Komma runden).

Tipp: Bevor Sie mit der Bearbeitung dieser Aufgabe anfangen, sollten Sie sich über die genaue Bedeutung und Berechnung dieser Werte in Ihrem Lehrbuch informieren.

	Nach Geschäftsjahren	
	Jahr 1	Jahr 2
Umsatz in T€		
Wareneinsatz in T€		
Warenrohgewinn in T€		
Handlungskosten in T€		
Handlungskostenzuschlagssatz in T€		
Gewinn in T€		
Wirtschaftlichkeit		

d) Beraten und analysieren Sie in Ihrer Gruppe die Ihnen vorliegenden Ergebnisse und listen Sie in Stichworten auf, welche ersten Erkenntnisse Sie daraus ziehen.

Planen und Durchführen

Verständigen Sie sich in Ihrer Gruppe auf Maßnahmen, die zur Verbesserung der Unternehmenssituation beitragen. Benennen und erläutern Sie Ihre Ideen.

Geben Sie eine Prognose ab und stellen Sie dar, welche Planzahlen Sie auf Basis Ihrer geplanten Maßnahmen im kommenden Geschäftsjahr anstreben.

Angestrebte Aufwendungen und Erträge			Angestrebte Kennzahlen	
	Betrag in T€	%		
Aufwendungen für Waren			Umsatz in T€	
Personalaufwendungen			Wareneinsatz in T€	
Mieten			Warenrohgewinn in T€	
Aufwendungen für Kfz			Handlungskosten in T€	
Werbung				
Betriebliche Steuern			Handlungskosten-zuschlagssatz in T€	
Zinsaufwendungen				
Sonstige Aufwendungen (Büromaterial, Instandhaltung usw.)			Gewinn in T€	
SUMME:			Wirtschaftlichkeit in %	
Umsatzerlöse für Waren				

Stellen Sie die neuen und die bisherigen Handlungskosten in einem Stabdiagramm einander gegenüber.

Tipp: Arbeiten Sie mit einem Computer und kleben Sie Ihre Diagramme in das Arbeitsheft ein.

Stellen Sie die Struktur der neuen Handlungskosten in einem Kreisdiagramm dar.

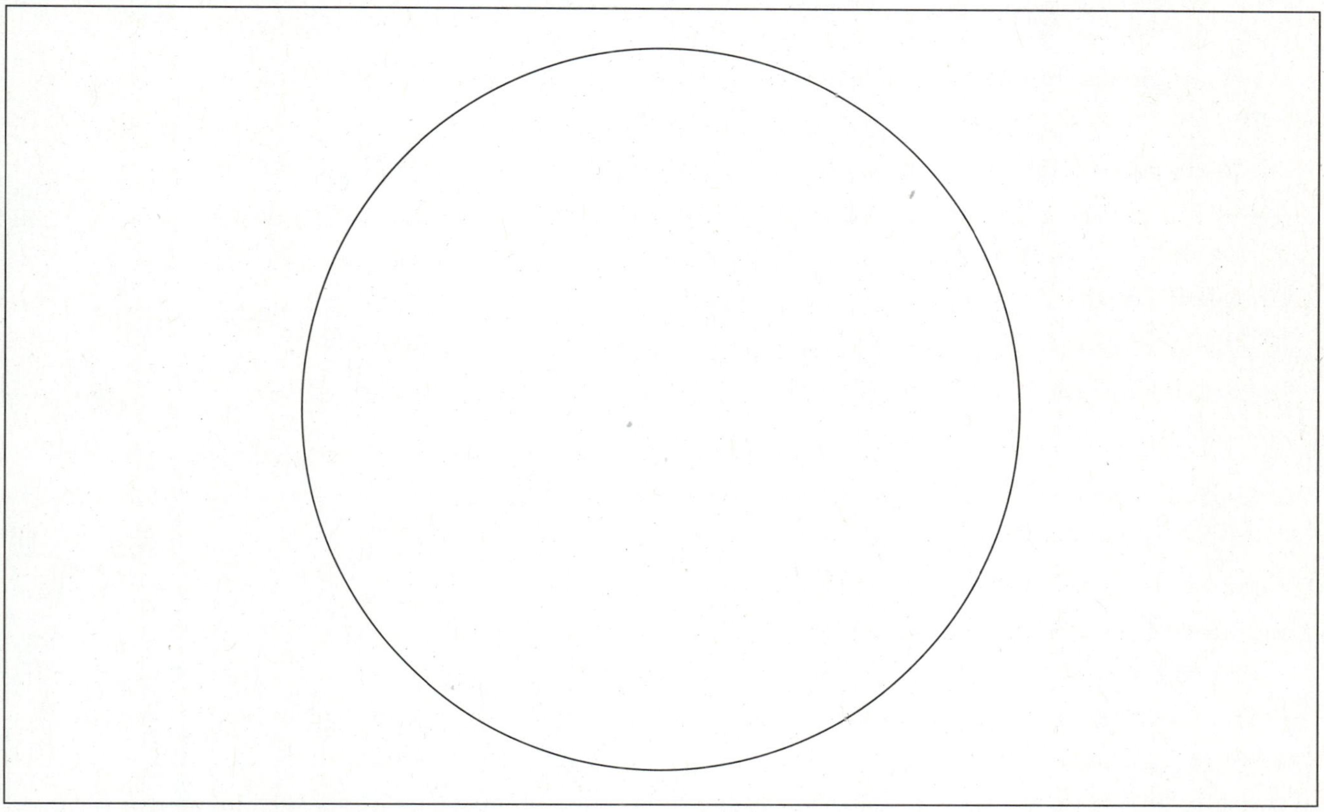

Bewerten

Simulieren Sie in Ihrer Klasse die Abteilungsleiterrunde, in welcher jeder Teamvertreter seine Maßnahmen zur Verbesserung der Unternehmenssituation darstellt. Eine Mitschülerin oder ein Mitschüler übernimmt dabei die Rolle der Geschäftsführung und leitet die Abteilungsleiterrunde. Die Beobachter dokumentieren die vereinbarten Maßnahmen auf Karteikarten.

Lernergebnisse sichern

Ergänzen Sie die Maßnahmen aus der Abteilungsleiterrunde, die Sie in Ihrer Gruppe bisher noch nicht erörtert und dokumentiert haben.

Prüfungsvorbereitung

1. Aufgabe
Welche der folgenden Aussagen zur Bilanz ist richtig?
Kreuzen Sie die richtige Aussage an.

1. Die Bilanz ist eine Gegenüberstellung von Vermögen und Schulden eines Unternehmens. ☐
2. Die Bilanz ist eine ausführliche und detaillierte Darstellung von Vermögen, Schulden und Reinvermögen in Staffelform. ☐
3. Die Bilanz hat eine Soll- und eine Haben-Seite. ☐
4. Die Bilanz ist eine Gegenüberstellung von Vermögen und Kapital in Kontenform. ☐
5. Die Aufstellung der Bilanz ist für Kaufleute freiwillig. ☐

2. Aufgabe
Kennzeichnen Sie die unten stehenden Aussagen mit einer
1, wenn Sie ihr zustimmen, oder einer 9, wenn Sie ihr nicht zustimmen.

1. Aktiv- und Passivkonten bilden die Gruppe der Bestandskonten. ☐
2. Bei jedem Geschäftsfall entspricht der gebuchte Betrag auf der Soll-Seite dem gebuchten Betrag auf der Haben-Seite. ☐
3. Buchungssätze, die leicht zu lösen sind, werden als „einfache Buchungssätze“ bezeichnet. ☐
4. Im Grundbuch werden alle Geschäftsfälle lückenlos in zeitlicher Reihenfolge erfasst. ☐
5. Das Hauptbuch ist wichtiger als das Grundbuch, da die Buchhaltung hauptsächlich in diesem Bereich arbeitet. ☐
6. Beim Abschluss der Bestandskonten steht der Saldo immer auf der wertmäßig größeren Seite. ☐

3. Aufgabe
Versehen Sie die folgenden Aussagen mit einer
1, wenn sie für die Bestandskonten gilt, oder einer 9, wenn sie für die Erfolgskonten gilt.

1. ... haben keinen Anfangsbestand. ☐
2. ... bestimmen den Erfolg des Unternehmens. ☐
3. ... werden über das SBK abgeschlossen. ☐
4. ... verändern das Eigenkapital des Unternehmens. ☐
5. ... werden über das GuV-Konto abgeschlossen. ☐
6. ... werden unterteilt in Aktiv- und Passivkonten. ☐

4. Aufgabe
Prüfen Sie die unten dargestellten Berechnungen. Tragen Sie in die jeweiligen Kästchen ein, ob es sich bei dem Ergebnis um
1 den Rohgewinn,
2 den Reingewinn,
3 keines von beiden handelt.

1. Umsatzerlöse – Wareneinsatz ☐
2. Umsatzerlöse – Rohgewinn ☐
3. Erträge – Aufwendungen ☐
4. Rohgewinn – Handlungskosten ☐

Zur 5. und 6. Aufgabe

Ihnen liegt die abgebildete Bilanz vor:

Aktiva — **Bilanz zum 31. Dezember 20.. in €** — **Passiva**

Aktiva		Passiva	
I. Anlagevermögen		I. **Eigenkapital**	413 500,00
1. Grundstück mit Bauten	700 000,00	II. **Verbindlichkeiten (Schulden)**	
2. Fuhrpark	300 000,00	1. **langfristige** Darlehensschulden	2 662 500,00
3. Geschäftsausstattung	900 000,00	2. **kurzfristige** Verbindlichkeiten a. LL.	370 000,00
II. Umlaufvermögen			
1. Warenbestand	1 200 000,00		
2. Forderungen a. LL.	40 000,00		
3. Kasse	6 000,00		
4. Bankguthaben	300 000,00		
	3 446 000,00		3 446 000,00

5. Aufgabe

Wie viel Prozent beträgt der Anteil des Eigenkapitals am Gesamtvermögen (auf eine Stelle nach dem Komma runden)?

6. Aufgabe

Wie viel Prozent beträgt der Anteil des Anlagevermögens am Gesamtvermögen (auf eine Stelle nach dem Komma runden)?

7. Aufgabe

Am Jahresende liegen Ihnen folgende Daten vor:

Aufwendungen für Waren	2 600 500,00 €
Personalaufwand	418 400,00 €
Werbeaufwand	360 900,00 €
Aufwendungen für Beiträge	31 700,00 €
Zinsaufwendungen	27 800,00 €
Betriebliche Steuern	29 800,00 €
Umsatzerlöse	4 120 400,00 €

Ermitteln Sie den Gewinn oder Verlust in Euro.

Preispolitische Maßnahmen vorbereiten und durchführen

Lernsituation 1: Sie beurteilen die Bedeutung des Verkaufspreises als absatzpolitisches Instrument

Oliver Lehnert, Abteilungsleiter Verkauf/Marketing in der Center Warenhaus GmbH, erhält von einem italienischen Hersteller einen aktuellen Katalog für modische Sportbekleidung und neu entwickelte Wintersportartikel. Sowohl das Angebot für Skibekleidung als auch die neu entwickelten Wintersportartikel gefallen Herrn Lehnert. Er entschließt sich u.a. 100 Skianoraks, 50 Snowboards und 100 Carvingski zu bestellen.

Herr Lehnert fragt sich nun, welchen Ladenverkaufspreis er festlegen soll. So beträgt der Bezugs-/Einstandspreis für den Skianorak „Stella" laut Katalog 125,00 €. Vergleichbare Skianoraks hat Herr Lehnert bei der Konkurrenz bereits gesehen. Bei zwei Fachgeschäften in der Nähe kostet ein vergleichbarer Artikel 329,00 € und 345,00 €, die Sportabteilung in einem SB-Warenhaus verlangt 309,00 €. Herr Lehnert arbeitet in der Textil-/Sportabteilung normalerweise mit einem Handlungskostenzuschlag von 80 %, einem Gewinnzuschlag von 20 % und 19 % Umsatzsteuer. Folglich müssten die Skianoraks mit 321,30 € ausgezeichnet werden. Die neu entwickelten Wintersportartikel (Snowboards, Carvingski) gibt es bisher in keinem anderen Sportgeschäft der näheren Umgebung. Um sich zu beraten, lädt er neben der Substitutin Elena Gutowski auch Sabine Freund zu einer Besprechung ein. Vor der Besprechung bittet Herr Lehnert Sabine darum, alle Einflussgrößen zusammenzustellen, die bei der Preisfestlegung berücksichtigt werden müssen. Sabine fragt Frau Gutowski: *„Warum kostet eigentlich ein Anorak nach unserer Kalkulation 321,30 €, während ein Konkurrent den gleichen Anorak für 309,00 € anbietet? Wie kommen diese unterschiedlichen Preise zustande?"*

Beschreibung und Analyse der Situation

Beschreiben Sie, welche Aspekte Herr Lehnert bislang in seinen Preisüberlegungen berücksichtigt.

Sammeln Sie weitere Aspekte, die Herr Lehnert bei der Kalkulation des Verkaufspreises der unterschiedlichen Artikel berücksichtigen sollte.

Klären Sie mithilfe Ihres Lehrbuches die Ihnen unbekannten Begriffe aus der Kalkulation der Textil- und Sportabteilung.

Hinweis: Dieser Auftrag kann ggf. auch zuerst bearbeitet werden. Es geht an dieser Stelle lediglich um ein grobes Begriffsverständnis der Kalkulationsgrößen – nicht um deren Berechnung. Zu klären sind:

Handlungskostenzuschlag (HKZ):

Gewinnzuschlag (GWZ):

Planen und Durchführen

Legen Sie für den Skianorak „Stella“ (Bezugs-/Einstandspreis 125,00 €) und das Snowboard „Jump“ (Bezugs-/Einstandspreis 168,00 €) einen Bruttoverkaufspreis fest.

a) Bestimmen Sie für die Gruppenarbeit einen Zeitwächter und mindestens zwei Personen für die Präsentation. Die Ergebnisse Ihrer Arbeit halten alle fest.
b) Informieren Sie sich anhand Ihres Lehrbuchs auf den Seiten 287 ff. über die verschiedenen Preisstrategien und fassen Sie diese in Stichworten zusammen.

Preisdifferenzierung:

Mischkalkulation:

Psychologische Preisfestsetzung:

Offensive Preispolitik:

Defensive Preispolitik:

c) Einigen Sie sich nun auf eine wirtschaftlich sinnvolle Preisstrategie für den jeweiligen Artikel und begründen Sie Ihre Entscheidung.

d) Kalkulieren Sie je einen Bruttoverkaufspreis für die beiden Artikel und entscheiden Sie sich unter Berücksichtigung Ihrer Preisstrategie für einen gerundeten Auszeichnungspreis.

Skianorak „Stella“	Prozentsatz	Betrag in €	Rechnung
Bezugs-/Einstandspreis			
+ Handlungskosten	80		100 % = 125,00 € 80 % = x € x =
= Selbstkostenpreis			
+ Gewinnzuschlag			
= Nettoverkaufspreis			
+ Umsatzsteuer			
= Bruttoverkaufspreis		321,30	
gerundeter Auszeichnungspreis unter Berücksichtigung der gewählten Preisstrategie			

Snowboard „Jump“	Prozentsatz	Betrag in €	Rechnung
Bezugs-/Einstandspreis			
+			
= Selbstkostenpreis			
+			
= Nettoverkaufspreis			
+			
= Bruttoverkaufspreis			
gerundeter Auszeichnungspreis unter Berücksichtigung der gewählten Preisstrategie			

e) Präsentieren Sie Ihre Kalkulationsentscheidung und stellen Sie sie zur Diskussion.

Bewerten

Tragen Sie die vorgeschlagenen Preise und die zentralen Begründungen aller Gruppen in die nachstehende Übersicht ein. Diskutieren Sie dann die Konsequenzen von „zu niedrigen" und „zu hohen" Preisen.

Gegenüberstellung der Gruppenentscheidungen:

Artikel	Gruppe 1	Gruppe 2	Gruppe 3	Gruppe 4
Auszeichnungs-preis Skianorak „Stella"				
Begründung				
Auszeichnungs-preis Funboard „Jump"				
Begründung				

Konsequenzen von „zu niedrigen Preisen":

____

____

____

____

____

____

Konsequenzen von „zu hohen Preisen":

____

____

____

____

____

____

Lernergebnisse sichern

Erstellen Sie eine Mindmap mit den Aspekten, die ein Einzelhandelsunternehmen bei der Preisfestlegung der Verkaufspreise berücksichtigen sollte.

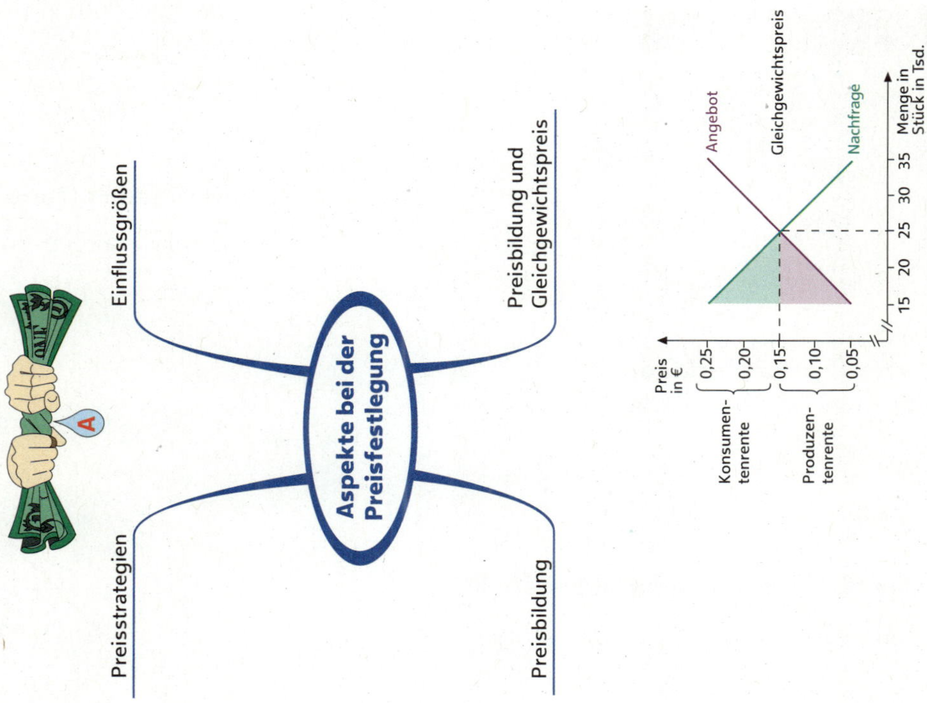

Übung 1.1: Preisbildung und Gleichgewichtspreis

In einer Großstadt gibt es – gerade im Sommer – an einem Tag sehr viele Nachfrager nach Eiscreme und auch sehr viele Anbieter in Form von kleinen Eisdielen. Nehmen wir zudem an, dass die Qualität der Eiskugeln gleich ist und es den Nachfragern egal ist, in welcher der vielen Eisdielen sie ihr Eis kaufen. In einem solchen Fall hängen die nachgefragte und auch die angebotene Menge von Eiskugeln allein vom Preis ab.

Das kennen Sie selbst: Je geringer der Preis pro Kugel ist, desto ________ Kugeln kauft man bzw. desto mehr Leute kaufen. Betrachtet man die gesamte Nachfrage, so ergibt sich die folgende Situation.

Nachfrage nach Eiskugeln

Preis in €	Menge in Stk.
0,40	70000
0,50	60000
0,60	50000
0,70	40000
0,80	30000

Angebot an Eiskugeln

Preis in €	Menge in Stk.
0,40	30000
0,50	40000
0,60	50000
0,70	60000
0,80	70000

Bei den Eisverkäufern ist die Situation anders. Wenn diese für ihr Eis einen ___________ Preis erzielen können, werden sie mehr anbieten.

Grafische Darstellung der Marktsituation

1. Erläutern Sie mündlich den Verlauf der Angebotskurve.

2. Zeichnen Sie die Nachfragekurve ein.

3. Vervollständigen Sie die Aussagen zu der Abbildung:
   Bei einem Preis von 0,80 € beträgt das Angebot an Eiskugeln ______ Tsd. Stück. Die Nachfrage beträgt bei diesem Preis ______ Tsd. Stück. Somit übersteigt das Angebot die _____________ um ______ Tsd. Eiskugeln (Angebotsüberschuss). Die Verkäufer würden versuchen, den Absatz durch ________________ zu steigern.

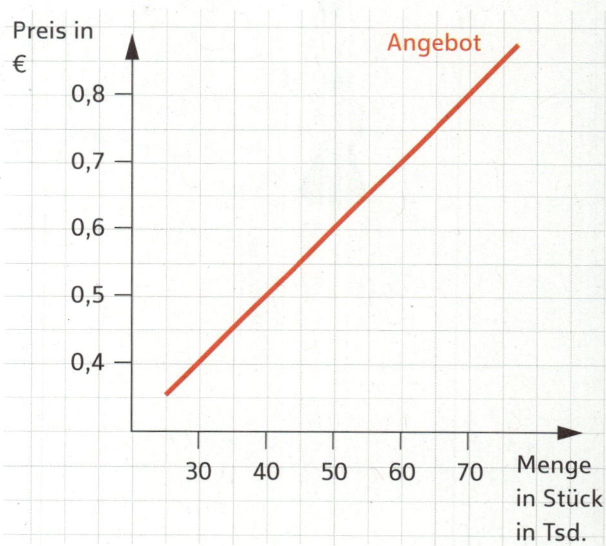

Bei einem Preis von 0,50 € ist die Nachfrage um ______ Tsd. Kugeln _____________ als das Angebot ______________ ______________. Die Eisverkäufer nutzen diese Situation und erhöhen die _________.

Der ______________________ beträgt 0,60 €. Alle, die zu diesem Preis eine Eiskugel nachfragen oder anbieten, kommen zum Zuge. Die Gleichgewichtsmenge (gehandelte Menge) beträgt ______ Tsd. Stück.

Übung 1.2: Ein Kalkulationsschema mit einem Tabellenkalkulationsprogramm erstellen

Microsoft Excel - Verkaufskalkulation [Freigegeben]

Datei Bearbeiten Ansicht Einfügen Format Extras Daten Fenster ?

100% Arial

Bearbeitung zurücksenden... Bearbeitung beenden...

A5 KALKULATIONSSCHEMA

	A	B	C	D
1	**Verkaufskalkulation (Vorwärtskalkulation)**			
2	Die Preiskalkulation für den Verkauf kann vom Listeneinkaufs- oder vom Bezugs-/			
3	Einstandspreis ausgehen. Ziel ist, den Nettoverkaufspreis zu ermitteln.			
4			**Eingabefelder**	
5	**KALKULATIONSSCHMA**	**%**	**€**	**Formeln**
6	**Listeneinkaufspreis**		123,50	Zahleneingabe erforderlich
7		10		
8				
9		3		
10				
11			17,00	Zahleneingabe erforderlich
12				
13		80		
14				
15		10		
16				
21		19		
22	**Bruttoverkaufspreis**			

Tipp: Arbeiten Sie mit Bleistift.

a) Ergänzen Sie die fehlenden Größen der Kalkulation in Spalte A.
b) Geben Sie die Formeln in Spalte D an, die Sie bei einem Tabellenkalkulationsprogramm in Spalte C einsetzen müssten.
c) Berechnen Sie den Bruttoverkaufspreis mit den hier angegebenen Werten.

Wenn Sie mit einem Tabellenkalkulationsprogramm arbeiten:

d) Nehmen Sie an, der Listeneinkaufspreis steigt auf 150,00 € und Sie können aufgrund der Marktsituation den Bruttoverkaufspreis nicht erhöhen. Welche Größen in Spalte B würden Sie verändern, um den Bruttoverkaufspreis zu halten? Erproben Sie mithilfe Ihrer Tabellenkalkulation unterschiedliche Möglichkeiten und treffen Sie eine begründete Entscheidung.

Übung 1.3: Entwicklung der Zuschlagssätze aus der Betriebskalkulation

Bei der Vorwärtskalkulation wird der Verkaufspreis, zu dem die Ware mindestens verkauft werden soll, ausgehend von einem vorgegebenen Bezugspreis berechnet.

Beispiel: Ein Paar Damenschuhe hat einen Listeneinkaufspreis von 45,00 €. Der Lieferer gewährt 10 % Rabatt und 2 % Skonto. An Bezugskosten fallen 0,31 € pro Paar an.

a) Berechnen Sie den Bezugspreis für ein Paar Damenschuhe im Rahmen der Stückkalkulation (linke Spalte).

b) Entwickeln Sie die Zuschlagssätze für Handlungskosten und Gewinn aus der Betriebskalkulation und nutzen diese zur Berechnung des Bruttoverkaufspreises für ein Paar Damenschuhe.

Stückkalkulation (Kalkulation eines Artikels)		**Betriebskalkulation** (Kalkulation aller verkauften Waren) **Vorjahr**		
Listeneinkaufspreis - Rabatt				
= Zieleinkaufspreis - Skonto				
= Bareinkaufspreis + Bezugskosten		**Kalkulationsschema**	**Rechnung**	**Lösungsweg**
= Bezugspreis + Handlungskostenzuschlag		**Wareneinsatz** (Bezugspreis aller verkauften Waren des Vorjahres) + ______ Zuschlag für ______ ______	**760.000,00 €** **532.000,00 €**	

= Selbstkostenpreis + Gewinnzuschlag		= ________ + ________ Zuschlag für ● Unternehmerlohn 60.000,00 € ● Eigenkapitalverzinsung 10.000,00 € ● Risikoprämie 4.000,00 € ________		
=		=		
+		+		
=		=		

Übung 1.4: Verkaufspreise kalkulieren und den Roh- und Reingewinn berechnen

Der Mars Elektrofachmarkt e. K. plant seine Sommeraktion, durch die er den Umsatz kurz vor den Sommerferien noch einmal richtig ankurbeln möchte.

Die drei in den folgenden Rechnungen aufgeführten Artikel gehören zum Aktionssortiment.

Rechnung

Elektro AG – *Herstellung von Elektrogeräten und Zubehör*

Mainzer Straße 160 • 10247 Berlin • Tel: 030 2341526-0 • Fax: 030 23415098

Internet: www.elektro-berlin.de
E-Mail: info@elektro-berlin.de

Elektro AG, Waldstr. 4, 50800 Berlin
Mars Elektrofachmarkt e. K.
Aachener Straße 1250
50859 Köln

Datum: 13.05.20..

Verkäufer	Bestellung vom	Kundennummer	Rechnungsnummer	Lieferbedingungen	Zahlungsbedingungen
15	10.05.20..	8394	239007	frei Haus	Sofort – ohne Abzug

Artikelnummer	Menge	Beschreibung	Preis pro Einheit	Rabatt %	Summe der Positionen
2895	120	Digitalkamera	149,00	-	17 880,00
				- 25 % Rabatt	4 470,00
				Zwischensumme	13 410,00
				Verpackung und Fracht	24,00
				Zwischensumme	13 434,00
				+ 19% USt.	2 552,46
				Gesamtsumme	**15 986,46**

CD/DVD-Herstellung • Software

SANY AG

Sany AG, Mainzer Straße 1–3, 80803 München
Mars Elektrofachmarkt e. K.
Aachener Straße 1250
50859 Köln

Ihre Bestellung vom: 12.05.20..
Lieferdatum: 15.05.20..

Telefon: 89 4356267-0
E-Mail: Sany@online.de

Datum: 15.05.20..

RECHNUNG

Rechnungs-Nr.8561-07

Bei Zahlung bitte angeben.

Pos.	Artikel-Nr.	Artikelbezeichnung	Menge in St.	Einzelpreis €	Gesamtpreis €
1	85698	Navi-Europa	140	87,90	12 306,00
2	94524	Bluetooth-Lautsprecher	200	17,95	3 590,00
				Zwischensumme	15 896,00
				– 35 % Rabatt	5563,60
					10 332,40
				Verpackung und Fracht	0,00
					10 332,40
				+ 19 % Umsatzsteuer	1 963,16
				Gesamtbetrag	**12 295,56**

a) Ermitteln Sie den Bezugspreis pro Stück für die Kamera, das Navigationsgerät und den Bluetooth-Lautsprecher.

Bezugspreise		
Digitalkamera	Navigationsgerät	Bluetooth-Lautsprecher

b) Vervollständigen Sie das abgebildete Kalkulationsschema und berechnen Sie den Bruttoverkaufspreis für die Kamera, das Navigationsgerät und den Bluetooth-Lautsprecher.

- Die Digitalkameras sowie die Navigationsgeräte werden mit einem Handlungskostenzuschlag von 40 % und einem Gewinn von 10 %, kalkuliert.
- Die Bluetooth-Lautsprecher hingegen werden mit einem Handlungskostenzuschlag von 35 % sowie einem Gewinn von 20% kalkuliert.

		Digitalkamera	Navigations-gerät	Bluetooth-Lautsprecher	
	%	€	€	%	€
= Bezugs-/Einstandspreis					
= **Bruttoverkaufspreis**					

c) Entscheiden Sie sich auf Grundlage Ihrer Kalkulationsergebnisse für die Bruttoverkaufspreise. Beachten Sie dabei die Grundsätze der psychologischen Preisfestsetzung.

	Digitalkamera	Navigationsgerät	Bluetooth-Lautsprecher
= Auszeichnungspreis			

d) Berechnen Sie den Roh- und den Reingewinn pro Kamera, Navigationsgerät und MP3-Player.

	Digitalkamera	Navigationsgerät	Bluetooth-Lautsprecher
Rohgewinn			
Reingewinn			

e) Berechnen Sie den möglichen Rohgewinn und Reingewinn, wenn der Mars Elektrofachmarkt e. K. alle Aktionsartikel verkauft.

Rohgewinn	**Digitalkamera**	
	Navigationsgerät	
	Bluetooth-Lautsprecher	
	Gesamt	
Reingewinn	**Digitalkamera**	
	Navigationsgerät	
	Bluetooth-Lautsprecher	
	Gesamt	

Übung 1.5: Verschiedene Verkaufspreise kalkulieren

Berechnen Sie die Bruttoverkaufspreise der folgenden Artikel der Center Warenhaus GmbH.

	Listeneinkaufspreis in €	Liefererrabatt in %	Liefererskonto in %	Bezugskosten in € je Stück	Handlungskostenzuschlagssatz in %	Gewinnzuschlagssatz in %	USt. in %
a)	1,25	-	3,00	0,05	20,00	10,00	7,00
b)	14,70	10,00	3,00	0,10	35,00	12,00	19,00
c)	75,00	15,00	2,00	1,00	45,00	10,00	19,00
d)	240,00	5,00	3,00	1,33	40,00	12,00	19,00

	a)		b)		c)		d)	
	%	€	%	€	%	€	%	€
Listeneinkaufspreis								
– Liefererrabatt								
= Zieleinkaufspreis								
– Liefererskonto								
= Bareinkaufspreis								
+ Bezugskosten								
= Bezugspreis								
+ Handlungskosten								
= Selbstkostenpreis								
+ Gewinn								
= Nettoverkaufspreis								
+ Umsatzsteuer								
= Bruttoverkaufspreis								

Übung 1.6: Vereinfachte Kalkulation mithilfe des Kalkulationszuschlages

Die Prozentsätze für die einzelnen Zuschläge sind bekannt.

Im Mars Elektrofachmarkt e. K. werden im Bereich „Computerzubehör“ alle Artikel mit **gleichen Zuschlägen** neu kalkuliert. Der Handlungskostenzuschlag soll wie bisher 40 % betragen, der Gewinnzuschlag soll von bisher 12 % auf 15 % angehoben werden und die Umsatzsteuer beträgt 19 %. Zur schnelleren Berechnung werden diese Zuschläge mit dem **Kalkulationszuschlag** zusammengefasst. Um kundengerechte Schwellenpreise zu erreichen, wird darüber hinaus vereinbart, die kalkulierten Verkaufspreise auf 4,95 € bzw. 9,95 € aufzurunden.

Ermitteln Sie den **Kalkulationszuschlagssatz** für die Warengruppe „Computerzubehör“ und gehen Sie dabei zur Vereinfachung von einem Bezugspreis von 100,00 € aus.

Kalkulationsschema	Prozentsatz	Betrag in €	Rechnung
Bezugs-/ Einstandspreis		100,00	
= Bruttoverkaufspreis			

Der Kalkulationszuschlag beträgt ____________ %.

Der Kalkulationszuschlag dient dazu, in einem Schritt vom Bezugs-/Einstandspreis einer Ware ausgehend den Bruttoverkaufspreis zu berechnen. Wie hoch ist für eine Ware mit einem Bezugspreis von 32,00 € der Bruttoverkaufspreis, wenn Sie den obigen Kalkulationszuschlag zugrunde legen?

100 % = ____________________ (Bezugspreis)

(Zuschlag + Bezugspreis) ___________ % = x € x = _______ € (Bruttoverkaufspreis)

Bezugspreis (Einstandspreis) und Bruttoverkaufspreis sind bekannt.

Der Mars Elektrofachmarkt e. K. bietet seinen Kunden einen Tablet-PC der Marke Sumsang zum Preis von 349,00 € an. Von seinem Lieferanten, dem Großhändler Schmitz, bezieht er diesen Artikel zum Preis von 185,50 €. Berechnen Sie den geplanten Kalkulationszuschlagssatz.

Schritt 1: Bruttoverkaufspreis – Bezugspreis = Kalkulationszuschlag in €

_____________ – ____________ = _____________ €

Schritt 2: Berechnung des Kalkulationszuschlagssatzes mithilfe des Dreisatz

_____________ = 100 %

_____________ = x % x = ________ % Kalkulationszuschlagssatz

Entwickeln Sie aus der durchgeführten Rechnung die Formel zur Berechnung des Kalkulationszuschlages.

Kalkulationszuschlag = ________________________________

Übung 1.7: Vereinfachte Kalkulation mithilfe des Kalkulationsfaktors

Der **Kalkulationsfaktor** drückt den Bruttoverkaufspreis für 1,00 € Bezugs-/Einstandspreis aus und dient dazu, die Kalkulation weiter zu vereinfachen.

Der Kalkulationszuschlagssatz ist gegeben

Notieren Sie die Formel zur Berechnung des Kalkulationsfaktors ausgehend vom Kalkulationszuschlagssatz aus der Übung 1.7.

Kalkulationsfaktor = ________________

Berechnen Sie für einen Kalkulationszuschlag von 91,59 % den zugehörigen Kalkulationsfaktor.

Kalkulationsfaktor = ________________ =

Berechnung des Bruttoverkaufspreises mithilfe des Kalkulationsfaktors

Notieren Sie die Formel zur Berechnung des Bruttoverkaufspreises ausgehend vom Kalkulationsfaktor.

Bruttoverkaufspreis =

Wenden Sie den Kalkulationsfaktor 1,9159 für die folgenden Artikel an und ermitteln Sie den kalkulierten Bruttoverkaufspreis. Setzen Sie anschließend die Vorgabe bezüglich der Schwellenpreise um und geben Sie eine Anweisung für den tatsächlichen Bruttoverkaufspreis im Geschäft.

Artikel	Kalkulierter Bruttoverkaufspreis	Tatsächlicher Bruttoverkaufspreis
Druckerkabel Bezugspreis 3,80 €	€	€
Speicherstick Bezugspreis: 9,45 €	€	€
Funkmaus Bezugspreis: 11,90 €	€	€
Druckerpatrone Bezugspreis: 5,90 €	€	€
Laptopschutztasche Bezugspreis 14,50 €	€	€

Lernsituation 2: Sie führen eine Rückwärts- und Differenzkalkulation durch

Oliver Lehnert hat Frau Gutowski in sein Büro gebeten. Als Frau Gutowski eintritt, merkt sie, dass Herr Lehnert etwas zerknirscht wirkt.

Herr Lehnert: *„Hallo Frau Gutowski, ich habe schlechte Nachrichten."*

Frau Gutowski: *„Was ist denn passiert?"*

Herr Lehnert: *„Hier, sehen Sie selbst, die Zeitungsanzeige unseres Mitbewerbers Schneider."*

Frau Gutowski: *„Hm, das ist natürlich ärgerlich, wir haben das gleiche Waveboard für 79,90 € im Angebot."*

Herr Lehnert: *„... und dabei haben wir mit den üblichen Zuschlagssätzen kalkuliert?"*

Frau Gutowski: *„Wie immer!"*

Herr Lehnert: *„Na gut, Sie wissen ja, was in solchen Fällen zu tun ist. Berichten Sie mir bitte morgen, was sich in dieser Angelegenheit ergeben hat."*

Waveboard Pro-Line 1
Sporthaus Schneider & Co. KG
Der neue Spaß für die Straße
Einführungspreis 59,90 €
Sporthaus Schneider & Co. KG
Dürener Straße 158
50859 Köln

Beschreibung und Analyse der Situation

Verdeutlichen Sie sich zunächst die bisherige Kalkulation der Center Warenhaus GmbH für das Waveboard. Der Listeneinkaufspreis beträgt 40,12 €/Stück, Liefererrabatt 10 %, Liefererskonto 2 %, Bezugskosten 1,50 €/Stück, Handlungskostenzuschlagssatz 40 %, Gewinnzuschlagssatz 30 %.

Kalkulationsschema	Prozentsatz	Betrag in €	Rechnung
Listeneinkaufspreis		40,12	
= Bruttoverkaufspreis			

Erläutern Sie, warum Herr Lehnert angesichts dieser Situation „zerknirscht“ wirkt.

Planen und Durchführen

Was könnte Herr Lehnert mit seiner Äußerung *„... na gut, Sie wissen ja, was in solchen Fällen zu tun ist ...“* gemeint haben? Nennen Sie mögliche Handlungsalternativen für Frau Gutowski.

Zur Vorbereitung auf das Gespräch mit dem Lieferanten rechnet Frau Gutowski zunächst aus, zu welchem Preis sie die Waveboards maximal einkaufen darf, wenn sie den angestrebten Gewinn erreichen und den Handlungskostenzuschlagssatz gedeckt haben möchte.

Kalkulationsschema	Prozentsatz	Betrag in €	Rechnung
Listeneinkaufspreis			
– Liefererrabatt	10		90 % = ________ ________ = x x = ____________
= Zieleinkaufspreis			
– Liefererskonto	2		98 % = 26,16 € 2 % = x x = ____________
= Bareinkaufspreis		26,16	
+ Bezugskosten	1,50 €		
= Bezugspreis			
+ Handlungskosten	40		
= Selbstkostenpreis			
+ Gewinn	30		
= Nettoverkaufspreis			
+ Umsatzsteuer	19		119 % = 59,90 € 19 % = x x = ____________
= Bruttoverkaufspreis		59,90	

Planen Sie Ihr Telefonat mit dem Lieferanten der Waveboards, das Sie anschließend in Form eines kleinen Rollenspiels durchführen. Entscheiden Sie sich dazu in Ihrer Gruppe für eine Verhandlungsstrategie, die Sie in Stichworten in der vor Ihnen liegenden Gesprächsnotiz festhalten.

Ihre Gesprächspartnerin wird Frau Müller von der Pro-Line Waveboard GmbH sein.

	Gesprächsnotiz
Am:	
Mit:	Durchwahl:
Firma:	Telefon:
Thema:	
Einstieg	
Beziehungsarbeit:	
Bezugnahme:	
Hauptteil	
Verhandlung über einen geringeren Listeneinkaufpreis/Bezugspreis:	
Abschluss	

Frau Gutkowski erreicht in einem Gespräch mit ihrem Lieferanten, dass dieser bereit ist, bei ansonsten unveränderten Konditionen den Liefererrabatt von 10 % auf 20 % zu erhöhen. Außerdem kann sie ihn zu dem Zugeständnis bewegen, fortan frei Haus zu liefern. Berechnen Sie, wie sich dieses Verhandlungsergebnis auf den Gewinn auswirkt, wenn Frau Gutowski weiterhin den Verkaufspreis des Mitbewerbers halten möchte.

Kalkulationsschema	Prozentsatz	Betrag in €	Rechnung
Listeneinkaufspreis		40,12	
+ Gewinn			
= Bruttoverkaufspreis		59,90	

Bewerten

Vergleichen Sie zunächst Ihre Ergebnisse und Ihren Rechenweg mit denen anderer Gruppen und suchen Sie selbstständig nach den Ursachen möglicher Abweichungen.

Zeigen Sie auf, welche Konsequenzen der geringere Gewinn für die Center Warenhaus GmbH hat.

Beziehen Sie Stellung: Sollte Frau Gutowski sich auf den neuen Listeneinkaufspreis einlassen und die Waveboards zu den Konditionen des Mitbewerbers verkaufen?

Lernergebnisse sichern

Gleichen Sie die rechnerischen Bezugsgrößen miteinander ab und benennen Sie die „neue Prozenthöhe".

	Ich beginne mit ...	und ...	„neue Prozenthöhe"?
a)	dem Bezugspreis	addiere 20 % Handlungskosten.	
b)	dem Nettoverkaufspreis	ziehe 50 % Gewinnzuschlag ab.	
c)	dem Zieleinkaufspreis	ziehe 3 % Liefererskonto ab.	
d)	dem Selbstkostenpreis	erhöhe um 40 % Gewinn.	
e)	dem Auszeichnungspreis	ziehe 7 % Umsatzsteuer ab.	
f)	dem Listeneinkaufspreis	ziehe 10 % Liefererrabatt ab.	
g)	dem Zieleinkaufspreis	addiere 15 % Liefererrabatt.	
h)	dem Nettoverkaufspreis	erhöhe um 19 % Umsatzsteuer.	
i)	dem Selbstkostenpreis	ziehe 60 % Handlungskosten ab.	

Übung 2.1: Eine Rückwärts- und Differenzkalkulation durchführen

In der Lebensmitteldiscount Schlegel KG geht der Absatz an Frischmilch, die für **0,70 €** angeboten wird, deutlich zurück, weil ein großer ortsansässiger Konkurrent sie für **0,65 €** anbietet.

a) Rückwärtskalkulation:
Zu welchem Bezugspreis muss die Ware zukünftig eingekauft werden, damit bei einem Handlungskostenzuschlag von 25 %, einem Gewinnzuschlag von 3 % sowie einer Umsatzsteuer in Höhe von 7 % der Bruttoverkaufspreis des Konkurrenten gehalten werden kann?

Kalkulationsschema	Prozentsatz	Betrag in €
= Bezugs-/Einstandspreis		
+		
=		
+		
=		
+		
= Bruttoverkaufspreis		**0,65**

Lösung: Der Bezugspreis für die Frischmilch muss bei ______________________ liegen, damit die Lebensmitteldiscount Schlegel KG diesen Artikel für 0,65 € anbieten kann.

b) Differenzkalkulation:
Das günstigste Angebot, zu dem Herr Schlegel die Milch einkaufen kann, liegt bei **0,49** €/Liter. Berechnen Sie die Auswirkungen auf die Kalkulation der Lebensmitteldiscount Schlegel KG, wenn weiterhin der Auszeichnungspreis von **0,65 €** gehalten werden soll.

Kalkulationsschema	Prozentsatz	Betrag in €
= Bezugs-/Einstandspreis		**0,49**
+		
=		
+		
=		
+		
= Bruttoverkaufspreis		**0,65**

Lösung: Wenn die Lebensmitteldiscount Schlegel KG den Verkaufspreis von 0,65 € halten möchte, verbleibt ihr ein Gewinn in Höhe von ________________ €.

c) Würden Sie in diesem Fall den Preis des Konkurrenten halten – oder nicht?

____

____

____

____

____

Übung 2.2: Einen Kalkulationsabschlag berechnen

Bruttoverkaufspreis und Bezugs-/ Einstandspreis sind nicht bekannt.
Die Lebensmitteldiscount Schlegel KG kalkuliert ihre Warengruppe „Kosmetik und Hygieneartikel" mit 40 % Handlungskosten, 9 % Gewinn und 19 % Umsatzsteuer.

Kalkulationsschema	Prozentsatz	Betrag in €	Rechnung
Bezugs-/ Einstandspreis			
= Bruttoverkaufspreis		**100,00**	

Der Kalkulationsabschlag beträgt ____________ %.

Notieren Sie die Formel zur Berechnung des Kalkulationsabschlages.

Kalkulationsabschlag = ____

Der Kalkulationsabschlag dient dazu, in einem Schritt vom Bruttoverkaufspreis einer Ware ausgehend den Bezugspreis zu berechnen. Wie hoch ist der **Bezugspreis** für ein Duschgel, das die Lebensmitteldiscount Schlegel KG zu einem **Bruttoverkaufspreis von 1,49 €** anbietet, wenn Sie den oben berechneten Kalkulationsabschlag zugrunde legen?

100 % = ____________________ (Bruttoverkaufspreis)

(Bezugspreis in %) ____________ % = x € x = ______ € (Bezugspreis)

Bruttoverkaufspreis und Bezugs-/Einstandspreis sind bekannt.

Die Lebensmitteldiscount Schlegel KG bietet einen Beutel Chips zum Bruttoverkaufspreis von 1,09 € an. Der Bezugspreis beträgt 0,45 €. Wie viel Prozent beträgt der Kalkulationsabschlag?

Schritt 1: Bruttoverkaufspreis – Bezugspreis = Kalkulationsabschlag in €

____________ – ____________ = ____________ €

Schritt 2: Berechnung des Kalkulationsabschlages mithilfe des Dreisatzes

____________ = 100 %

____________ = x % x = ____________ % Kalkulationsabschlag

Notieren Sie die Formel zur Berechnung des Kalkulationsabschlages.

Kalkulationsabschlag = ____

Übung 2.3: Eine Handelsspanne berechnen

Nettoverkaufspreis und Bezugs-/Einstandspreis sind nicht bekannt.

Für ihre Warengruppe „Tiefkühlprodukte“ kalkuliert die Lebensmitteldiscount Schlegel KG 50 % Handlungskosten sowie 4 % Gewinn auf ihre Einstandspreise.

Kalkulationsschema	Prozentsatz	Betrag in €	Rechnung
Bezugs-/Einstandspreis			
= Nettoverkaufspreis		100,00	

Die Handelsspanne beträgt ____________ %.

Notieren Sie die Formel zur Berechnung der Handelsspanne.

Handelsspanne = ____

Nettoverkaufspreis und Bezugs-/Einstandspreis sind bekannt.

Die Lebensmitteldiscount Schlegel KG bezieht für ihr Aktionssortiment ein Kofferset zum Einstandspreis von 58,60 €; der Nettoverkaufspreis beträgt 82,70 €. Wie hoch ist die Handelsspanne?

Schritt 1: Nettoverkaufspreis – Bezugspreis = Handelsspanne in €

____________ – ____________ = ____________ €

Schritt 2: Berechnung der Handelsspanne mithilfe des Dreisatzes

____________ = 100 %

____________ = x %   x = ____________ % Handelsspanne

Notieren Sie die Formel zur Berechnung der Handelsspanne.

Handelsspanne = ____

Prüfungsvorbereitung

Situation zur 1. bis 8. Aufgabe
Sie sind in der Center Warenhaus GmbH in der Abteilung für Lederwaren und Koffer eingesetzt. Dabei sind Sie auch für die Kalkulationen zuständig.

1. Aufgabe
Der Bezugspreis für einen Rucksack beträgt 25,00 €. Sie kalkulieren mit 6,5 % Gewinn und 40 % Handlungskostenzuschlag, der Umsatzsteuersatz beträgt 19 %. Wie hoch ist der Bruttoverkaufspreis (auf zwei Nachkommastellen runden)?

2. Aufgabe
Der Einstandspreis für eine Brieftasche beträgt 8,00 €, der Bruttoverkaufspreis 14,00 €.

2.1 Berechnen Sie den Kalkulationszuschlagssatz in Prozent.

2.2 Berechnen Sie den Kalkulationsfaktor.

3. Aufgabe
In Ihrer Abteilung wird eine Handtasche angeboten, die mit 40,00 € ausgezeichnet ist. Im Rahmen einer Aktion soll sie um 17 % im Preis herabgesetzt werden. Berechnen Sie den neuen Bruttoverkaufspreis.

4. Aufgabe
In der Aktion befindet sich auch eine Ledergeldbörse eines Markenherstellers mit einer UVP (unverbindliche Preisempfehlung) von 39,99 €. Der Aktionspreis beträgt 34,99 €. Wie viel Prozent beträgt die Preissenkung gegenüber der UVP?

Preissenkung in Euro:			
	= 100 %	× =	=
	= × %		

5. Aufgabe

Ein Luxuskofferset eines Markenherstellers wird zu einem Bruttoverkaufspreis von 785,40 € angeboten, Umsatzsteuer 19 %. Es wurde mit 50 % Handlungskosten und 10 % Gewinn kalkuliert. Berechnen Sie den Bezugspreis des Artikels.

____

____

____

____

____

____

____

6. Aufgabe

Ihr Abteilungsleiter teilt Ihnen mit, dass die Handlungskosten der Abteilung sehr hoch sind. Er möchte von Ihnen wissen, welche Maßnahme zu einer Reduzierung führt. Kreuzen Sie die richtige Aussage an.

1. Reduzierung der Bezugskosten ☐
2. Reduzierung des Energieverbrauchs ☐
3. Reduzierung des Gewinns ☐
4. Aushandeln von höheren Liefererrabatten ☐
5. Ausnutzen von Liefererboni und -skonti ☐

7. Aufgabe

Außerdem fragt er Sie, welchen Bestandteil der Warenkalkulation ein Einzelhändler nicht beeinflussen kann. Kreuzen Sie Zutreffendes an.

1. Die erhaltenen Nachlässe ☐
2. Die Gewinnspanne ☐
3. Die Selbstkosten ☐
4. Die Höhe der Umsatzsteuer ☐
5. Die Bezugskosten ☐

8. Aufgabe

Bei der Preisauszeichnung für die Aktionsartikel fragt Sie Ihr Abteilungsleiter, warum ein Einzelhändler nicht immer die ursprünglich kalkulierten Verkaufspreise verlangen kann. Kreuzen Sie die richtige Begründung an.

1. Weil der Einzelhändler verpflichtet ist, hohe Rabatte zu gewähren. ☐
2. Weil der Einzelhändler wegen mangelnder Liquidität den Liefererskonto nicht ausnutzen kann. ☐
3. Weil der Gewinn sonst zu niedrig ist. ☐
4. Weil der Einzelhändler an den Richtpreis des Herstellers gebunden ist. ☐
5. Weil die Konkurrenz gleiche oder vergleichbare Produkte preisgünstiger anbietet. ☐

Situation zur 9. bis 14. Aufgabe

Die Center Warenhaus GmbH führt einen Jubiläumsverkauf durch, an dessen Planung und Durchführung Sie beteiligt sind.

9. Aufgabe

Auf einem Sondertisch werden unterschiedliche Artikel mit einem großen Preisschild „Jeder Artikel 1,00 €“ angeboten. Die Artikel sind nicht einzeln ausgezeichnet. Wie ist diese Art der Preisauszeichnung rechtlich zu beurteilen? Kreuzen Sie an, welche Aussagen **falsch** sind.

1. Nur gleichartige Artikel müssen nicht einzeln ausgezeichnet werden. ☐
2. Die Center Warenhaus GmbH hätte angeben müssen, dass die Artikel nicht mehr einzeln ausgezeichnet sind. ☐
3. Die Preisangabe ist laut der Preisangabenverordnung korrekt. ☐
4. Jeder Artikel muss stets einzeln ausgezeichnet sein. ☐
5. Sonderangebote müssen mit altem und neuem Preis ausgezeichnet sein. ☐

10. Aufgabe

Der Bezugspreis eines Artikels beträgt 16,36 €, der Kalkulationsfaktor ist 1,8, die Umsatzsteuer beträgt 19 %. Berechnen Sie den Bruttoverkaufspreis (runden Sie auf zwei Nachkommastellen).

____

11. Aufgabe

Sie kalkulieren für den Jubiläumsverkauf eine Geschirrspülmaschine für einen Bruttoverkaufspreis von 476,00 €, Umsatzsteuersatz 19 %. Wie hoch ist der Bezugspreis, wenn die Handelsspanne 25 % beträgt?

12. Aufgabe

Ihnen liegt die abgebildete Liefererrechnung vor.

Elektro Bader KG
Elektrogräte

Elektro Bader KG, Fabrikstraße 10–34, 04129 Leipzig
Mars Elektrofachmarkt e. K.
Aachener Straße 1250
50859 Köln

Ihre Bestellung vom: 20.09.20..
Lieferdatum: 20.10.20..

Telefon: 089 4356267-0
Internet: info@elektro-bader-leipzig.de
E-Mail: www.elektro-bader-leipzig.de

Datum: 25.10.20..

RECHNUNG

Rechnungs-Nr. 3423

Bei Zahlung bitte angeben.

Pos.	Artikel-Nr.	Artikelbezeichnung	Menge in St.	Einzelpreis €	Gesamtpreis €
1	56433	Kaffeemaschine EXTRA	50	19,80	
				Zwischensumme	990,00
				– 12 % Rabatt	118,80
					871,20
				Verpackung und Fracht	0,00
					871,20
				+ 19 % Umsatzsteuer	165,59
				Gesamtbetrag	**1036,79**

Bankverbindung: Stadt- und Kreissparkasse Leipzig
IBAN: DE48860555920650342344 BIC: WELADE8LXXX

Zahlung: 30 Tage netto Kasse, bei Zahlung innerhalb von 10 Tagen 3% Skonto

Steuernummer: 230/5360/4781 USt-IdNr.: DE247234510

Die Center Warenhaus GmbH nutzt bei der Begleichung von Rechnungen immer Skonto aus. Bei den Kalkulationen in einer Warengruppe werden die folgenden Sätze angewendet: 30 % Handlungskosten, 8,8 % Gewinn, 19 % Umsatzsteuer.

12.1 Berechnen Sie den Bruttoverkaufspreis der Kaffeemaschine (Einzelpreis), wenn die Center Warenhaus GmbH weder Gewinn noch Verlust an diesem Artikel machen möchte. Erstellen Sie Ihre Berechnung in einem übersichtlichen Kalkulationsschema (Anfang: Listeneinkaufspreis, Ende: Bruttoverkaufspreis).

12.2 Wie viel Prozent beträgt der Kalkulationszuschlagssatz für eine Kaffeemaschine (zwei Nachkommastellen)?

12.3 Berechnen Sie den Kalkulationsfaktor für die Kaffeemaschine (auf vier Stellen nach dem Komma runden).

13. Aufgabe

Ein Konkurrent bietet die von Ihnen in Aufgabe 4 kalkulierte Kaffeemaschine dauerhaft zu einem Preis von 25,00 € an. Erläutern Sie mögliche Reaktionen der Center Warenhaus GmbH hierauf.

14. Aufgabe

Nach dem Jubiläumsverkauf wollen Sie wissen, wie viel Gewinn Sie mit einem bestimmten Artikel erzielt haben. Sie haben insgesamt 980 Stück verkauft. Der Selbstkostenpreis pro Stück beträgt 3,95 €. Der Bruttoverkaufspreis einschließlich 19 % Umsatzsteuer beträgt 5,95 €. Wie viel Euro beträgt der Gesamtgewinn?

Situation zur 15. bis 20. Aufgabe

Sie sind in der Center Warenhaus GmbH in der Elektroabteilung eingesetzt. Ihr Abteilungsleiter legt Ihnen die folgende Verkaufsstatistik vor (Umsatzsteuersatz 19 %):

		Bruttoverkaufspreis (in €)		Bezugs-/ Einstandspreis (in €)		
Artikel	**Stück**	**Je Artikel**	**Gesamt**	**Je Artikel**	**Gesamt**	**Gesamtrohertrag**
DVBT-Empfänger	16	129,90	2 078,40	85,45	1 367,20	?
SAT-Empfänger	14	99,90	1 398,60	63,78	892,92	?

15. Aufgabe

Berechnen Sie den jeweiligen Gesamtrohertrag für die DVBT- und SAT-Empfänger (auf zwei Nachkommastellen runden).

16. Aufgabe

Berechnen Sie den Kalkulationsfaktor für den Artikel „DVBT-Empfänger“ (auf vier Nachkommastellen runden).

17. Aufgabe

Berechnen Sie die Handelsspanne für den Artikel „SAT-Empfänger“ (auf zwei Nachkommastellen runden).

18. Aufgabe

Ein TV-Gerät, das einschließlich 19 % Umsatzsteuer für 895,00 € verkauft wird, ist mit 35 % Handlungskosten und 10 % Gewinn kalkuliert. Wie hoch ist der Bezugs-/Einstandspreis?

19. Aufgabe

Was beschreibt den Begriff „Marktpreis“ richtig?

1. Die Höhe des Marktpreises wird allein durch die anfallenden Kosten bestimmt. ☐
2. Für die Höhe des Marktpreises ist in erster Linie das Verhältnis von Angebot und Nachfrage entscheidend. ☐
3. Wettbewerber vereinbaren für bestimmte Artikel in ihrem Einzugsgebiet einheitliche Preise für einen ausgeglichenen Markt. ☐
4. Nicht das Verhältnis von Angebot und Nachfrage bestimmt den Marktpreis, sondern allein die betriebliche Kalkulationsgrundlage. ☐
5. Der vom Hersteller empfohlene Verkaufspreis ist ein typischer Marktpreis, der Preisgleichheit am Markt gewährleistet. ☐

20. Aufgabe

Welche Größe wird in der Abbildung durch den Punkt X gekennzeichnet?

1. Angebotsmenge ☐
2. Nachfragemenge ☐
3. Höchstpreis ☐
4. Mindestpreis ☐
5. Gleichgewichtspreis ☐

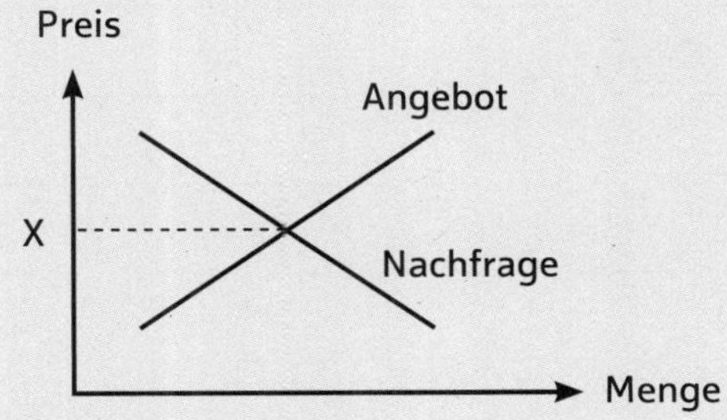

Besondere Verkaufssituationen bewältigen

Lernsituation 1: Kinder und Jugendliche als Kunden

Sabine bekommt in der Sportabteilung Besuch von ihrem 13-jährigen Bruder Peter.

Peter: *„Das ist wirklich das Allerletzte. In deinem blöden Warenhaus kaufe ich nie mehr etwas!"*

Sabine: *„Jetzt reg dich erst mal ab, und dann erzählst du, was passiert ist."*

Peter: *„Ich wollte mir von meinem Geburtstagsgeld einen Rucksack kaufen. Du weißt schon, diese neue, coole Marke. Also habe ich ein bisschen rumgekramt und ausprobiert. Und dann kam die Verkäuferin, beobachtete mich die ganze Zeit, als ob ich was klauen wollte. Als sie mich dann fragte, ob ich was Bestimmtes suche, habe ich natürlich gesagt, dass ich mich nur mal umschaue. Daraufhin wurde sie richtig frech und meinte, ich solle nicht so an den Rucksäcken rumfummeln und am Ende noch was schmutzig oder kaputt machen. Was glaubt die denn, mit wem sie es zu tun hat?"*

Beschreibung und Analyse der Situation

Beschreiben Sie, wie sich Peter in der Situation gefühlt hat.

Beurteilen Sie das Verhalten der Verkäuferin und nennen Sie mögliche Konsequenzen.

Finden Sie Gründe für das Verhalten der Verkäuferin gegenüber Peter in der Verkaufssituation.

Erläutern Sie, warum Jugendliche und Kinder für den Einzelhandel eine interessante und wichtige Zielgruppe darstellen.

Planen und Durchführen

Sammeln Sie besondere Ansprüche an ein Verkaufsgespräch mit Jugendlichen oder Kindern. Berücksichtigen Sie dabei die gesetzlichen Bestimmungen und die Besonderheiten im Gesprächsverhalten mit dieser Kundengruppe.

Entwickeln Sie Verbesserungsvorschläge für das Verhalten in der Verkaufssituation. Skizzieren Sie dazu ein kurzes Rollenspiel.

Übertragen Sie aus Ihren Ergebnissen fünf Kriterien für ein gelungenes Verkaufsgespräch mit einem Jugendlichen in den Beobachtungsbogen.

Kriterien/ Beobachtungsmerkmale	Beurteilungsskala Das Beobachtungsmerkmal wurde erfüllt... voll und ganz gar nicht	Beobachtung/Kommentar
	① ② ③ ④ ⑤	
	① ② ③ ④ ⑤	
	① ② ③ ④ ⑤	
	① ② ③ ④ ⑤	
	① ② ③ ④ ⑤	

Wählen Sie in Kleingruppen (max. 4 Personen) ein Rollenspiel aus. Führen Sie das Rollenspiel durch. Der Rest der Klasse beobachtet das Rollenspiel.

Bewerten

a) Werten Sie jedes Rollenspiel zunächst in Einzelarbeit mithilfe des erstellten Beobachtungsbogens aus.
b) Besprechen Sie Ihre Ergebnisse im Plenum.

Lernergebnisse sichern

Führen Sie eine Pro- und Kontra-Diskussion in Ihrer Klasse zu folgender Aussage durch:
„Kinder und Jugendliche sind für den Einzelhandel als Zielgruppe interessant, weil sie in Deutschland über eine enorme Kaufkraft verfügen, die Kaufentscheidungen der Eltern mitbestimmen und leicht zu beeinflussen sind. Darum muss der Einzelhandel alles tun, um diese ‚Kundengruppe' zum Konsum zu animieren und als Kunden langfristig zu binden."

- Teilen Sie die Klasse in **zwei Gruppen** auf (die Pro-Gruppe und die Kontra-Gruppe). Wählen Sie aus der Klasse eine(n) **Diskussionsleiter(in)** aus.
- Sammeln Sie in den Gruppen **Argumente für Ihre Pro- oder Kontra-Position**. Wichtig ist, dass in dieser Phase mögliche Argumente der Gegenpartei in die Überlegungen einbezogen werden.
- Im Anschluss setzen sich die zwei Gruppen in Reihen gegenüber.

- Die **Kontra-Gruppe** trägt das **erste Argument** – begründet – vor. Die **Pro-Gruppe** reagiert inhaltlich auf das Kontra-Argument und versucht das Argument zu widerlegen. Im Anschluss trägt die Pro-Gruppe ihr erstes Argument vor und die Kontra-Gruppe versucht nun aus ihrer Position die Aussage zu widerlegen. Beide Gruppen reagieren nun im Wechselspiel auf die jeweiligen Beiträge.
- Wichtig ist, dass sich die Gruppenmitglieder mit ihrer **jeweiligen Position identifizieren** und „in ihrer Rolle" bleiben.
- Beiträge zur Diskussion müssen **kurz** und **begründet** sein. Die **sachliche Ebene** darf **nicht verlassen** und die Diskussionspartner dürfen nicht beleidigt werden.
- Die Diskussionsleitung greift nur ein, wenn die Regeln nicht eingehalten werden. Inhaltlich und mit eigener Meinung wird nicht in die Diskussion eingegriffen.

Übung 1.1: Kundentypen/Konsumtypen

Mit dem richtigen Verhalten und den passenden Argumenten sind Sie in der Lage, selbst schwierige Kunden zufriedenzustellen. Erläutern Sie bei folgenden „schwierigen Kundentypen" ein angemessenes Verkäuferverhalten.

Der Miesmacher

Nichts ist diesem Kunden gut genug. Dieser Kundentyp macht jede Ware schlecht. Der erste Artikel gefällt ihm vom Design nicht, der zweite ist ihm zu teuer, der dritte ist zu billig ...und so weiter. Verkäuferargumente werden von ihm grundsätzlich infrage gestellt. Letztendlich zeigt sich, dass diese Kunden sich aber doch für ein Produkt entscheiden.

Kundenbezogenes Verkäuferverhalten:

Der Vordrängler

Diesen Kundentyp stört es gar nicht, dass Sie sich mitten im Kundengespräch befinden. Ungeachtet dieses Umstandes fragt er nach einem Produkt und erwartet, sofort bedient zu werden. Dem Kunden fehlt es an angemessener Zurückhaltung. Er meint, wenn er die Bühne betritt, steht er auch im Mittelpunkt.

Kundenbezogenes Verkäuferverhalten:

____

____

____

____

____

____

Übung 1.2: Gesetzliche Abgabeverbote

Kerstin Dahm arbeitet momentan an der Kasse der Lebensmitteldiscount Schlegel KG. Kurz vor Feierabend kommt ein Jugendlicher, der deutlich jünger als 16 Jahre aussieht, an die Kasse und möchte einen Sechserpack Bier und zwei Flaschen Rotwein kaufen. Auf Nachfrage nach dem Ausweis gibt der junge Kunde an, erst 13 Jahre alt zu sein.

Kunde: *„Ich kaufe doch nur für meinen Vater ein. Der wird bestimmt ziemlich sauer, wenn ich ohne das Bier und den Wein nach Hause komme. Da gibt es richtig Ärger, beim letzten Mal habe ich zwei Tage Hausarrest bekommen!"*

a) Formulieren Sie für Kerstin eine Antwort, bei der Sie auf die gesetzliche Verpflichtung hinweisen und freundlich bzw. respektvoll bleiben.

____

____

____

____

b) Kerstin erzählt Ihrem Chef, Herrn Schlegel, von der Situation an der Kasse und erfährt, dass Verstöße gegen das Jugendschutzgesetz erhebliche Bußgeldzahlungen zur Folge haben können. Daraufhin erstellt sie sich für ihre Tätigkeit an der Kasse eine Merkhilfe zu den gesetzlichen Bestimmungen (§§ 9, 10 Jugendschutzgesetz) der Tabak- und Alkoholabgabe an Jugendliche. Ergänzen Sie folgende Tabelle mit den Begriffen „erlaubt"/„nicht erlaubt".

	Abgabe/Verzehr unter 16 Jahren	Abgabe/Verzehr ab 16 Jahren	Abgabe/Verzehr ab 18 Jahren
Bier			
Biermixgetränke			
Wein			
Sekt			
Schnaps, Weinbrand, Tequila			
Alkoholhaltige Süßgetränke (Alcopops)			
Tabakwaren			

Lernsituation 2: Sie haben Senioren als Kunden

Ein 71-jähriger Kunde beschwert sich bei Kerstin über die schlechte Behandlung in der Lebensmitteldiscount Schlegel KG.

„... Ich hatte leider meine Brille vergessen und konnte deshalb das Haltbarkeitsdatum nicht lesen. Also habe ich eine junge Frau angesprochen, die gerade Ware einräumte. Bei der Butter hat sie mir dann das Datum genannt. Aber ich brauchte ja auch noch Milch und Quark und Sahne, da ist das Haltbarkeitsdatum ja besonders wichtig! Als ich sie dann noch nach meinem Lieblingsjoghurt gefragt habe, den ich nicht gleich finden konnte, da wurde sie ganz unverschämt und meinte, sie hätte auch noch was anderes zu tun. Aber eine Verkäuferin ist doch dazu da, um mir beim Einkaufen behilflich zu sein! Na jedenfalls, wenn mir das nochmal passiert, beschwere ich mich bei der Geschäftsleitung!“

Beschreibung und Analyse der Situation

Schildern Sie die oben beschriebene Situation aus der Sicht der jungen Verkäuferin.

Sammeln Sie Vorurteile, die Verkäufer gegenüber alten Kunden hegen und umgekehrt. Befragen Sie dazu eventuell ältere Menschen.

Was denken Verkäufer/-innen über ältere Kunden?

Was denken ältere Kunden über junge Verkäufer/-innen?

Entwickeln Sie Lösungsvorschläge, was Sie als junger Verkäufer unternehmen können, um die vorhandenen Vorurteile auf beiden Seiten abzubauen.

Planen

Formulieren Sie Anforderungen an einen Verkäufer, der einen älteren Kunden bedient. Berücksichtigen Sie sein Verhalten und seine Verkaufsargumentation.

Planen Sie unter Einbeziehung der Ergebnisse aus den vorhergehenden Arbeitsaufträgen in Gruppenarbeit (4–5 Personen) ein Rollenspiel zum Umgang mit Senioren im Verkaufsgespräch. Verteilen Sie die Rollen, legen Sie diese auf Rollenkarten fest und skizzieren Sie anschließend den möglichen Verlauf des Verkaufsgespräches.

Rollenkarte Kunde/-in

Rollenkarte Verkäufer/-in

Skizze Rollenspiel: „Verkaufsgespräch mit Senioren“

Durchführen und Bewerten

Übernehmen Sie die erarbeiteten Anforderungen in den Beobachtungsbogen.

Beobachtungsbogen							
Beobachtungsschwerpunkt: Ältere Kunden							
Kriterien/Beobachtungsmerkmale	Beurteilungsskala Das Beobachtungsmerkmal wurde erfüllt ... voll und ganz					gar nicht	Beobachtung/Kommentar
	①	②	③	④	⑤	⑥	
	①	②	③	④	⑤	⑥	
	①	②	③	④	⑤	⑥	
	①	②	③	④	⑤	⑥	
	①	②	③	④	⑤	⑥	
	①	②	③	④	⑤	⑥	

Führen Sie die geplanten Rollenspiele durch und werten Sie diese mithilfe des Beobachtungsbogens aus. Sammeln Sie wesentliche Ergebnisse der Auswertungen auf einem Flipchart.

Lernergebnisse sichern

Entwickeln Sie Lösungsvarianten zu dem von Ihnen geplanten Rollenspiel und diskutieren Sie diese im Plenum.

Übung 2.1: Ausländer als Kunden

An diesem Wochenende steht Sabine vor einer besonderen Herausforderung. Die Sportabteilung der Center Warenhaus GmbH hat sich mit einer Vielzahl von Aktionen voll auf den am Sonntag stattfindenden Köln-Marathon eingestellt. Insbesondere für die ausländischen Marathonläufer haben die attraktiven Angebote an preiswerten Laufschuhen eine besondere Anziehungskraft. Sabine hat sich gut vorbereitet und versteht es, mit den Kunden ein einfaches Verkaufsgespräch in englischer Sprache zu führen.

a) Sammeln Sie in Stichpunkten eigene Erfahrungen mit ausländischen Kunden.

b) Nennen Sie Anforderungen für das Verkaufspersonal im Umgang mit ausländischen Kunden.

c) Erläutern Sie, welche besonderen Chancen die ausländische Kundschaft dem Einzelhandel eröffnet.

Übung 2.2: Spätkunden bedienen

Sabine hat in der Sportabteilung der Center Warenhaus GmbH einen anstrengenden Arbeitstag hinter sich. Wie immer beginnt sie kurz vor Ladenschluss in der Abteilung aufzuräumen, damit sie pünktlich Feierabend machen kann. Auf den heutigen Abend hat sie sich schon lange gefreut, denn sie will sich mit ihren Freundinnen in der Kölner Altstadt treffen. Da betritt ein Kunde die Abteilung und spricht Sabine an.

Kunde: *„Guten Tag, ich hoffe, Sie können mir so spät noch helfen. Ich suche einen Karate-Anzug für meinen Sohn und wollte mich kurz beraten lassen."*

Sabine: *„Karate-Anzüge kann ich Ihnen zeigen, aber für eine Beratung habe ich leider keine Zeit mehr, denn wir haben gleich Geschäftsschluss! Da müssten Sie sonst morgen noch mal wiederkommen!"*

a) Beurteilen Sie Sabines Verhalten im Umgang mit dem Spätkunden.

b) Machen Sie einen begründeten Vorschlag, wie Sabine auf den Kunden reagieren sollte.

Übung 2.3: Dem Kunden beim Geschenkkauf helfen

Eine Frau, etwa Ende 30 Jahre alt, betritt die Sportwarenabteilung der Center Warenhaus GmbH. Sie schaut sich um, runzelt die Stirn und schaut sichtlich erleichtert, als sie Sabine Freund auf sich zukommen sieht. Sabine begrüßt die Kundin freundlich.
Sabine: *„Guten Tag!"*
Kundin: *„Schönen guten Tag. Ich suche ein Geschenk für meinen Mann."*

a) Finden Sie geeignete Fragen, die im Rahmen der Bedarfsermittlung in dieser Situation sinnvoll sind.

b) Der Kunde ist beim Geschenkkauf oftmals unsicher. Überlegen Sie, was bei der Kaufargumentation und der Warenvorlage zu tun ist, damit sich diese Unsicherheit nicht noch vergrößert.

c) Ermitteln Sie, wie man die Kaufentscheidung des Kunden – gerade beim Geschenkkauf – möglicherweise herbeiführen oder unterstützen kann.

d) Führen Sie mithilfe der Antworten aus den Aufgaben mit der Kundin ein Verkaufsgespräch in einem kurzen Rollenspiel durch.

Übung 2.4: Rabattregeln und -wünsche

Entscheiden Sie je nach vorgegebener Situation, ob Sie Rabatt gewähren oder nicht. Begründen Sie stichpunktartig Ihre Entscheidung.

Formulieren Sie in wörtlicher Rede eine entsprechende Verkäuferaussage auf den Rabattwunsch eines Kunden.

Situation	Rabatt: Ja oder nein? Begründung	Verkäuferaussage (wörtliche Rede)
Stammkunde bittet um Rabatt.		

Situation	Rabatt: Ja oder nein? Begründung	Verkäuferaussage (wörtliche Rede)
Laufkunde möchte Preisnachlass, lange Beratung.		
Kunde wünscht Nachlass, weist darauf hin, dass er bar zahlt.		

Übung 2.5: Einen Finanzierungskauf durchführen

Mehmet befindet sich im Mars Elektrofachmarkt e. K. in einem Verkaufsgespräch mit der 19-jährigen Auszubildenden Dörthe Klarmann, die sich für einen hochwertigen Kaffeeautomaten der Marke Juro interessiert. Dörthe ist absoluter Kaffeefan und wünscht sich schon lange Zeit einen hochwertigen Kaffeeautomaten dieses Herstellers. Eine Kaffeeprobe am Testautomaten des Fachmarkts überzeugt sie von der Leistungsfähigkeit des Gerätes.

Kundin: *„Da bin ich ja total begeistert. Wenn nicht dieser Preis von 1 499,00 € wäre. Das überfordert meine finanziellen Möglichkeiten im Moment, ich habe ja gerade erst meine Wohnung renoviert und als Auszubildende kann man sowieso keine großen finanziellen Sprünge machen."*

Mehmet: *„Das kann ich verstehen, fast 1 500,00 €, das ist viel Geld. Dann wäre aber doch eine Finanzierung die Lösung. Wir haben aktuell eine Finanzierung bei einer Laufzeit von 24 Monaten mit einem niedrigen Zinssatz von 2,9 % im Angebot. Das bietet Ihnen keine Bank. Dazu kommen nur noch einmalig 50,00 € Bearbeitungsgebühr."*

Kundin: *„Das hört sich gut an. So wird das Ganze zwar etwas teurer, aber die monatliche Belastung ist zu verkraften. Und außerdem werde ich in drei Monaten meine Bankausbildung beenden, und dann übernimmt die Bank mich bestimmt in ein festes Arbeitsverhältnis. Aber so ganz sicher ist das noch nicht."*

Mehmet: *„Das wird schon klappen. Ich erläutere Ihnen dann die Einzelheiten zum Finanzierungskauf ..."*

Nach kurzer weiterer Beratungszeit entscheidet sich Dörthe für die angebotene Finanzierung des Kaffeeautomaten. Die Formalitäten werden von Mehmet schnell bearbeitet und bereits eine Stunde später kann Dörthe ihren Kaffeeautomaten mit nach Hause nehmen.

a) Erläutern Sie, warum Händler verschiedenster Branchen den Finanzierungskauf in ihrem Serviceangebot haben.

b) Nennen Sie die Mindestinhalte, die bei einem Finanzierungskauf im schriftlichen Vertrag enthalten sein müssen.

c) Stellen Sie Vor- und Nachteile des Finanzierungsangebotes durch den Mars Elektrofachmarkt e. K. für die Auszubildende Dörthe Klarmann gegenüber.

d) Berechnen Sie den effektiven Jahreszins und die monatliche Rate für den vorliegenden Finanzierungskauf.

e) Erläutern Sie die Bedeutung einer Restschuldversicherung für die junge Auszubildende.

Übung 2.6: Den Kunden in Begleitung beraten

Charakterisieren Sie die unterschiedlichen „Begleitertypen“ und benennen Sie zielgerichtete Verhaltensweisen der Verkäuferin/des Verkäufers.

Der Fachmann als Begleiter:

Merkmale	Verkäuferverhalten

Der „Möchtegern-Fachmann“ als Begleiter:

Merkmale	Verkäuferverhalten

Der „unsichtbare“ Begleiter:

Merkmale	Verkäuferverhalten

Übung 2.7: Bei Hochbetrieb verkaufen

Nennen Sie Ursachen, die im Einzelhandel zu Hochbetrieb führen können.

Erläutern Sie drei Möglichkeiten, wie ein Geschäft auf Hochbetrieb reagieren kann.

Übung 2.8: Mit Störungen im Verkaufsgespräch souverän umgehen

Mehmet Aydin berät im Mars Elektrofachmarkt e. K. eine Kundin, die einen LED-Fernseher kaufen möchte. Das Verkaufsgespräch gestaltet sich schwierig, weil die Kundin nicht viel Geld ausgeben möchte, aber einen sehr hohen Anspruch an die technische Leistungsfähigkeit des Gerätes hat. Zudem hat Mehmet das Gefühl, dass die Kundin ihn als Verkäufer nicht richtig ernst nimmt, und fühlt sich nicht wohl in der Verkaufssituation. Da kommt Mehmets Freund Dirk Lammers in die Abteilung und winkt Mehmet zu sich. Mehmet beschließt, das Verkaufsgespräch kurz zu unterbrechen.

Mehmet (zum Kunden): *„Entschuldigen Sie mich bitte einen kleinen Moment, ich muss mal kurz mit einem Freund von mir sprechen. Den habe ich ewig nicht gesehen. Es dauert auch nicht lange! Sie können sich ja so lange mit dem Fernseher beschäftigen."*

Mehmet wendet sich ab und begrüßt Dirk. Die beiden haben sich viel zu berichten und unterhalten sich angeregt. Als Mehmet nach einigen Minuten das Verkaufsgespräch weiterführen möchte, ist die Kundin verschwunden.

a) Beurteilen Sie Mehmets Verhalten und die Auswirkungen für den Mars Elektrofachmarkt e. K.

b) Machen Sie einen Verbesserungsvorschlag für Mehmets Verhalten bei der „Störung" in der Verkaufssituation.

Lernsituation 3: Sie beraten und verkaufen am Telefon

Seit Beginn des Jahres annonciert die Sportabteilung der Center Warenhaus GmbH in einer Zeitschrift für Ausdauersportler mit speziellen Angeboten für den Lauf- und Walkingsport. Aus diesem Grund häufen sich telefonische Anfragen von Kunden, die Laufschuhe bestellen oder zu einem Pulsmesser beraten werden wollen. Sabine ist genervt, weil sie die Kunden lieber persönlich in der Sportabteilung berät. Wieder einmal muss Sabine ein Verkaufsgespräch unterbrechen, um am anderen Ende des Verkaufsraumes ein Gespräch anzunehmen.

Sabine: (außer Atem) *„Ja!"*
Kunde: (irritiert) *„Guten Tag, Baumann am Apparat. Spreche ich mit der Sportabteilung der Center Warenhaus GmbH"*
Sabine: *„Natürlich!"*
Kunde: *„Ich dachte schon, es geht keiner ans Telefon. Ich möchte Laufschuhe aus Ihrer Anzeige bestellen."*
Sabine: (kurze Pause) *„Ja?"* ... (genervt, als der Kunde nicht sofort sagt, welche Schuhe er bestellen will) *„Welchen Schuh denn?"*
Kunde: *„Den Hark-Racer!"*
Sabine: (nachdrücklich und ungeduldig) *„Welche Schuhgröße?"*
Kunde: *„43"*
Sabine: *„Okay, dann brauche ich noch Ihre Adresse. Einen Moment, ich muss mir noch einen Stift holen."*

Beschreibung und Analyse der Situation

Beschreiben Sie, wie sich der Kunde in diesem Gespräch fühlen könnte.

___

Listen Sie Fehler auf, die Sabine in dem Telefongespräch gemacht hat.

___

Finden Sie Gründe für Sabines Verhalten am Telefon.

Planen und Durchführen

Machen Sie Verbesserungsvorschläge für Sabines Verhalten in der telefonischen Beratung. Formulieren Sie dazu das Telefongespräch aus der Eingangssituation in ein kundenorientiertes Gespräch um. Nehmen Sie Ihre Ergebnisse in Form eines Hörspieles auf.

Bewerten

Spielen Sie der Klasse Ihre Hörspiele vor. Geben Sie den Rollenspielern ein konstruktives Feedback. Berücksichtigen Sie dabei die Feedbackregeln.

Feedbackregeln

- Ich-Botschaften formulieren
- konkret bleiben
- beschreibend formulieren (statt wertend)
- kurz formulieren (statt ausschweifend)
- Beispiel: *„Ich habe gesehen/gehört ...“, „Das wirkt auf mich ...“*

Stellen Sie die gelungenen Aspekte besonders heraus. Halten Sie wichtige Ergebnisse des Feedbacks schriftlich fest.

Ich habe gehört/wahrgenommen, ...	Damit erreicht die Verkäufer/-in, ...
... dass die Verkäuferin beim Reden am Telefon Sprechpausen eingesetzt hat.	... dass der Kunde genügend Zeit zur Verarbeitung von Informationen hat.

Lernergebnisse sichern

Fassen Sie die wichtigsten erarbeiteten Kriterien für erfolgreiches Beraten und Verkaufen am Telefon aus dieser Lernsituation schriftlich zusammen.

Übung 3.1: Kundenorientierte Reklamationsbehandlung

Reklamationsgespräche kundenorientiert zu führen, erfordert neben viel Fingerspitzengefühl auch zielgerichtete Verhaltensweisen des Verkaufspersonals.

Begründen Sie die aufgeführten Reaktionen des Verkäufers im Reklamationsgespräch.

Verkäuferreaktion	Begründung
Sie bewahren Ruhe und sind geduldig.	
Sie zeigen Verständnis.	
Sie nehmen das Verhalten eines Kunden nicht persönlich.	
Sie entschuldigen sich beim Kunden.	
Sie sind kulant.	

Übung 3.2: Reklamation und Umtausch

Herr Klüver kommt in den Mars Elektrofachmarkt e. K. und möchte ein Digitalradio mit Bluetooth-Funktion zurückgeben, den er vor zwei Tagen gekauft hat. *„Irgendwie habe ich nicht richtig überlegt. Nachdem ich mir die Bedienungsanleitung zu Hause durchgelesen habe, wurde mir klar, dass das Gerät viel zu kompliziert für mich ist. Ich würde das Gerät gerne zurückgeben und mir den Kaufpreis auszahlen lassen!"*

a) Erläutern Sie, ob es sich in diesem Fall um eine Reklamation oder einen Umtausch handelt.

b) Entscheiden Sie, ob die Forderung zur Auszahlung des Kaufpreises berechtigt ist. Begründen Sie Ihre Aussage.

c) Erläutern Sie zwei Möglichkeiten, wie Sie als Verkäufer auf die Forderung des Kunden reagieren können.

d) Am selben Tag kommt es zu einer berechtigten Reklamation wegen eines defekten TFT-Bildschirms. Der Kunde ist verärgert. Erläutern Sie in fünf Verhaltensschritten, wie Sie die Reklamation kundenorientiert behandeln können.

Lernsituation 4: Ladendiebstahl

Mehmet Aydin beobachtet im Mars Elektrofachmarkt e. K. einen Kunden, der, nachdem er sich mehrfach umgeschaut hat, einen Bluetooth-Lautsprecher in einer Plastiktüte verschwinden lässt. Noch bevor der Mann die Kasse passiert, spricht Mehmet ihn an. Der Kunde streitet die Tat ab und behauptet, er habe nur testen wollen, wie sich der Bluetooth-Lautsprecher in der Tüte trage. Anschließend habe er vergessen, das Gerät zurückzulegen. Diese Aussage überzeugt Mehmet keineswegs. Vielmehr nimmt er an, dass der Kunde noch mehr gestohlen hat. Gegen den Willen des Kunden beginnt er mit der Durchsuchung seiner Sachen.

Nachdem er keine weiteren Waren gefunden hat, der Kunde seinen Namen genannt und sich ausgewiesen hat, sperrt Mehmet ihn in einen Nebenraum ein, bis die Polizei eintrifft.

Beschreibung und Analyse der Situation

Analysieren Sie Mehmets Vorgehen beim Stellen des verdächtigen Kunden.

Sammeln Sie in Partner-/Gruppenarbeit Vorschläge für ein zielgerichteteres Handeln in der dargestellten Situation.

Planen

Entwickeln Sie einen Leitfaden für Verkäuferhandeln (Verhaltens- und Gesprächsregeln) bei Kundendiebstahl unter Einbeziehung der rechtlichen Grundlagen.

Leitfaden für	
Gesprächs- und Verhaltensregeln	**Gesetzliche Grundlage**

Entwickeln Sie in Gruppenarbeit ein Rollenspiel, in dem Sie im Umgang mit einem Ladendieb zielgerichtet vorgehen. Beachten Sie dabei die rechtlichen Vorgaben sowie unterstützende Verhaltens- bzw. Gesprächsregeln. Verteilen Sie die Rollen und skizzieren Sie einen möglichen Gesprächsverlauf.

Verlaufsskizze für das Rollenspiel „Ladendiebstahl“:

Durchführen und Bewerten

Wählen Sie fünf Kriterien aus Ihrem Leitfaden für den Umgang mit Ladendieben aus und übernehmen Sie diese in den Beobachtungsbogen.

Beobachtungsbogen			
Beobachtungsschwerpunkt: Verkäuferverhalten bei Ladendiebstahl			
Achsennummer	Bewertungskriterien	Einzelbewertung	Gruppendurchschnitt
1	z. B.: Der Verkäufer spricht den Verdächtigen ruhig an.		
2			
3			
4			
5			

Führen Sie die geplanten Rollenspiele durch. Die Gruppen vergeben Noten für die Erfüllung der festgelegten Kriterien. Gehen Sie dabei von folgendem Bewertungsschlüssel aus:

Beurteilungsskala Das Beobachtungsmerkmal wurde erfüllt ...					
gar nicht					voll und ganz
①	②	③	④	⑤	⑥

Nachdem jeder von Ihnen das Verkaufsgespräch individuell bewertet hat, werden in den Arbeitsgruppen Durchschnittswerte berechnet. **Die Rollenspieler bilden eine einzelne Gruppe.** Entscheiden Sie, welches Gruppenmitglied die Werte an der Präsentationsfläche vorstellt. Alle Gruppen tragen ihre Ergebnisse in das „Spinnennetz“ ein, damit die Ergebnisse vergleichbar sind. Jede Gruppe hat dabei ihre eigene Farbe.

Spinnennetz

⑤

____

____

____

①

z. B. Der Verkäufer spricht den Verdächtigen ruhig an.

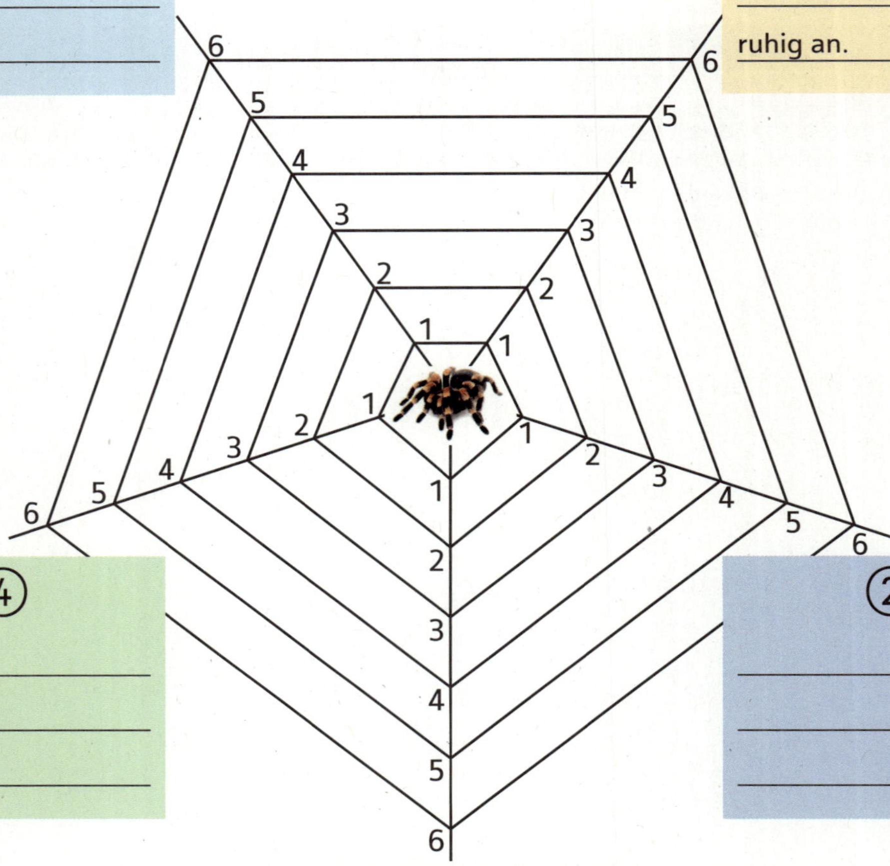

④

____

____

____

②

____

____

____

③

____

____

____

Lernergebnisse sichern

Erkundigen Sie sich in Ihrem Ausbildungsbetrieb, wie sich Verkäuferinnen und Verkäufer in Ihrem oder auch in anderen Betrieben in Situationen mit Ladendiebstahl verhalten. Fassen Sie Ihre Ergebnisse stichpunktartig zusammen.

____

____

____

____

____

____

____

Übung 4.1: Diebstahlmethoden

Formulieren Sie zu jeder Diebstahlmethode ein Beispiel.

Die „Zweiteinkauf"-Methode

Die „Trojanische-Pferd"-Methode

Die Umtausch-Methode

Die 08/15-Versteckmethode

Übung 4.2: „Selbstbedienung" durch Mitarbeiter

Lesen Sie folgenden Presseartikel und fassen Sie die wesentlichen Aussagen kurz zusammen.

Auch kleiner Diebstahl [...] gefährdet Arbeitsplatz

Begeht ein Arbeitnehmer im Betrieb des Arbeitgebers einen Diebstahl, rechtfertigt dies eine Kündigung. Das gilt auch dann, wenn es sich um abgeschriebene Ware handelt.

Das hat das Bundesarbeitsgericht im Fall einer Verkäuferin in einem Warenhaus entschieden, die beim Versuch, eine Tasche mit Minifläschchen Alkoholika und Küchenpapierrollen zu entwenden, erwischt wurde. In seiner Begründung weist das Gericht darauf hin, dass die Verletzung des Eigentums oder des Vermögens des Arbeitgebers stets ein wichtiger Grund zur Kündigung sein könne. Die Entscheidung, zu welchem Zweck abgeschriebene Ware zu verwenden sei, liege allein beim Betriebsinhaber. Selbst wenn er grundsätzlich bereit sei, derartige Waren an Arbeitnehmer zu verschenken, handele grob vertragswidrig, wer sie ohne Erlaubnis einfach wegnehme. Jeder Arbeitnehmer müsse wissen, dass er durch ein Eigentumsdelikt seinen Arbeitsplatz aufs Spiel setze. Eine Abmahnung sei bei solchen Pflichtverstößen regelmäßig nicht erforderlich.

Quelle: Detektei Detektive City Nürnberg: Auch kleiner Diebstahl abgeschriebener Ware gefährdet Arbeitsplatz, Zugriff am 01.12.2020 unter: http://city-detektive.eu/urteile.html

Übung 4.3: Personalmaßnahmen gegen Ladendiebstahl

Nennen Sie personelle Maßnahmen für ein Einzelhandelsunternehmen, die Ladendiebstahl vorbeugen bzw. vermeiden.

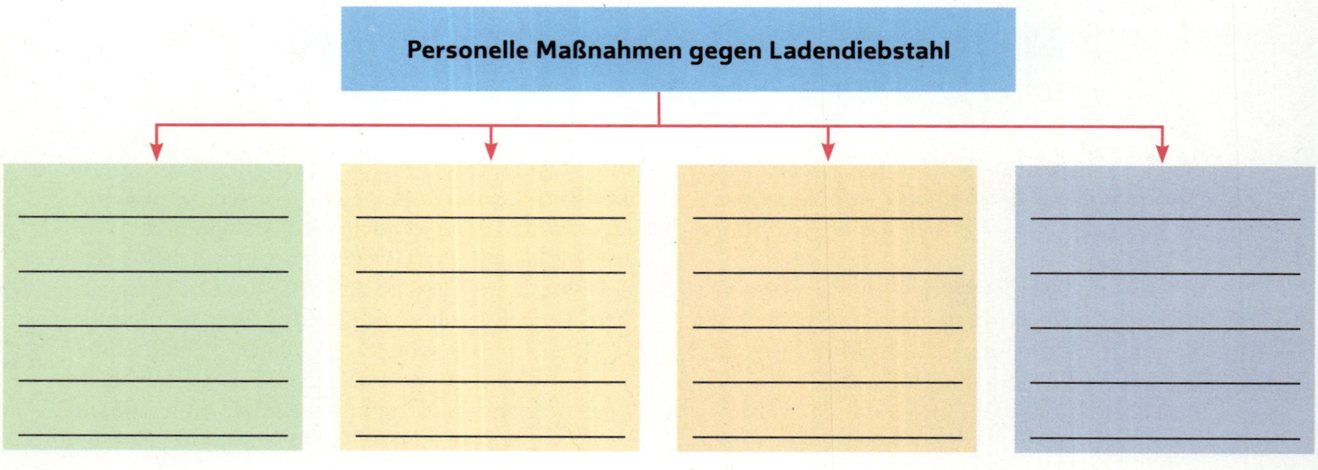

Übung 4.4: Warensicherung

Im deutschen Einzelhandel wird jährlich ein Milliardenbetrag in Sicherungsmaßnahmen gegen Ladendiebstahl investiert. Erstellen Sie eine Mindmap zu den technischen Möglichkeiten der Warensicherung im Einzelhandel.

Mindmap

Prüfungsvorbereitung

Unternehmensbeschreibung
Sie sind Mitarbeiter/-in des Mars Elektrofachmarkt e. K.

Name:	Mars Elektrofachmarkt e. K.
Betriebsform:	Fachmarkt, überwiegend mit Vorwahlsystem
Mitarbeiter:	47 Mitarbeiterinnen und Mitarbeiter, davon 6 Auszubildende

1. Aufgabe

Situation: Sie sind zuständig für die Bearbeitung eingehender Reklamationen. Von Ihrer Kollegin erhalten Sie die abgebildeten Belege. Sie sollen sich mit dem Kunden in Verbindung setzen.

1.1 Zur Vorbereitung auf das Telefonat mit Herrn Möhlmann legen Sie eine Checkliste an. Erweitern Sie die Checkliste um drei situationsbezogene Inhalte, die Sie dem Kunden im Telefongespräch mitteilen wollen.

sich als Erstes auf den Anruf von Herrn Möhlmann beziehen

MARS Elektrofachmarkt e.K.

Mars Elektrofachmarkt e. K., Aachener Str. 1250, 50589 Köln
Henning Möhlmann
Bismarckstr. 8
50667 Köln

Telefon: 0221 1610 705
Fax: 0221 1700 088
E-Mail: info@mars-elektrofachmarkt.de
Internet: www.mars-elektrofachmacht.de

Datum: 08.10.20..

RECHNUNG/LIEFERSCHEIN
Bei Zahlung/Rücksendung/Gutschrift unbedingt angeben

Bestellung vom:	Kundennummer:	Rechnungs-Nr.
24.02.20..	8135	003424

Artikel-Nr.	Artikelbezeichnung	Menge	Einzelpreis €	Gesamtpreis €
FE 32145	Fernseher Sany	1	699,00	699,00

In diesem Betrag sind 19 % Umsatzsteuer = € enthalten.

Quittung
Betrag von 699,00 € dankend erhalten.
Gerdes

Steuernummer: 223/337/2973 **USt-IdNr.:** DE583442583

1.2 Der Kundenservice stellt fest, dass es sich um einen technischen Fehler am Gerät handelt. Beurteilen Sie, ob aufgrund des Zeitraums und des Mangels eine berechtigte Reklamation vorliegt.

1.3 Erläutern Sie Herr Möhlmanns Rechte aus einer berechtigten Reklamation.

1.4 Der Hersteller des Fernsehgerätes sichert eine Garantiezeit von drei Jahren zu. Grenzen Sie die gesetzliche Gewährleistungspflicht zur Garantieleistung ab.

2. Aufgabe

Situation: In der Urlaubszeit besuchen vermehrt ausländische Touristen den Elektrofachmarkt. Für das Verkaufsgespräch mit Ausländern sind entsprechende Verhaltensweisen und sprachliche Grundkenntnisse wichtig. Das stellt Sie als Verkäufer/-in vor erhöhte Anforderungen.

2.1 Erläutern Sie Verhaltensregeln, die Sie als Verkäufer bei der Bedienung von ausländischen Kunden beachten sollten.

2.2 Wie kann der Verkäufer sich seinem ausländischen Kunden verständlich machen, wenn dieser nicht deutsch und der Verkäufer nicht die Sprache des Kunden spricht?

2.3 Neben den ausländischen Touristen spielen ausländische Mitbürger für den Einzelhandel eine bedeutende Rolle. Beschreiben Sie das Einkaufsverhalten dieser Kundengruppe.

3. Aufgabe

Situation: Der Mars Elektrofachmarkt e. K. möchte in Zukunft stärker berücksichtigen, dass ein großer Anteil der Kundschaft aus der Altersgruppe „50+“ stammt. Diese Generation verfügt über eine hohe Kaufkraft und spielt insbesondere für den Fachhandel eine sehr wichtige Rolle. Man möchte sich in der Sortimentsstruktur und auch in Bereichen der Verkaufsraumgestaltung darauf einstellen, dass diese älteren Kunden mit zunehmendem Alter u. a. in ihrer Mobilität eingeschränkt sind.

3.1 Machen Sie zwei Vorschläge zur Veränderung des Sortiments.

3.2 Geben Sie zwei Produktbeispiele für die angestrebte Sortimentserweiterung und begründen Sie Ihren Vorschlag.

3.3 Bei der Gestaltung des Verkaufsraums sollen die Bedürfnisse älterer Kunden berücksichtigt werden. Nennen Sie drei Aspekte, wie die Bedürfnisse berücksichtigt werden können.

3.4 Die Kundengruppe „50+“ soll gezielt beworben werden. Machen Sie vier Vorschläge für entsprechende Aktionen bzw. Maßnahmen.

3.5 Serviceleistungen spielen im Handel eine große Rolle. Geben Sie vier Beispiele für diese Kundengruppe.

4. Aufgabe

Situation: Der Stammkunde Willi Stallmann möchte seiner Tochter im Mars Elektrofachmarkt e. K. ein Geschenk zum 18. Geburtstag kaufen. Er hat allerdings keine konkrete Geschenkidee. Der Verkäufer Mehmet Aydin begrüßt ihn freundlich und fragt nach dem Kaufwunsch. Willi Stallmann antwortet: *„Ich suche ein Geschenk."*

4.1 Formulieren Sie zwei Fragen zur Bedarfsermittlung in wörtlicher Rede.

4.2 Beschreiben Sie, wie Sie im Verkaufsgespräch auf die Frage nach dem Preis einer Ware reagieren.

4.3 Nennen Sie drei Serviceangebote, mit denen Mehmet Aydin den Kunden Stallmann in seiner Kaufentscheidung bestärken könnte.

4.4 Willi Stallmann findet kein passendes Geschenk für seine Tochter, obwohl Mehmet einige gezielte Geschenkvorschläge gemacht hat. Erläutern Sie, wie man in dieser Situation reagieren könnte.

5. Aufgabe

Situation: Zu Beginn des Geschäftsjahres der Center Warenhaus GmbH führen die Abteilungen Mitarbeiterkonferenzen durch. Dabei werden u. a. die Inventurdaten ausgewertet. Die diesjährigen Inventurdaten haben eine Inventurdifferenz von 4,5 % ergeben, während die anderen Abteilungen bei einer durchschnittlichen Differenz von 2 % liegen.

5.1 Erläutern Sie, wie die Inventurdifferenz von 4,5 % ermittelt wurde.

5.2 Nennen Sie vier Gründe, die für die Inventurdifferenz von 4,5 % verantwortlich sein können.

5.3 Untersuchungen der Daten in der Center Warenhaus GmbH haben ergeben, dass nur ein geringer Teil der Differenzen auf Fehlbuchungen oder Warenschäden zurückzuführen sind. Der größte Teil der Verluste wird durch Ladendiebstahl verursacht. Nennen Sie je drei Beispiele aus den Bereichen „Personalmaßnahmen" und „Warensicherung", die Ladendiebstahl vorbeugen bzw. verhindern.

6. Aufgabe

Situation: In der Sportabteilung der Center Warenhaus GmbH wird anlässlich der Fußball-Europameisterschaft ein Sonderverkauf von Fußbällen durchgeführt. Aufgrund eines Produktionsfehlers verlieren die Bälle aufgrund eines defekten Ventils bereits nach kurzer Zeit Luft. Leider wurden bereits 20 Bälle verkauft, bevor der Fehler von einem Verkäufer festgestellt worden ist. Ein Kunde reklamiert daraufhin einen der defekten Bälle. Er verhält sich dabei sehr lautstark und zornig: *„Diesen Ball habe ich vor zwei Tagen bei Ihnen gekauft und schon ist er kaputt. So etwas Unbrauchbares verkaufen Sie als Qualitätsware! Ich bin total sauer!"*

6.1 Erläutern Sie die Rechte, die der Kunde vorrangig geltend machen kann.

6.2 Wie verhalten Sie sich als Verkäufer in einer solchen schwierigen Situation?

6.3 Reklamationen erfordern ein professionelles Beschwerdemanagement. Nennen Sie drei Ziele des Beschwerdemanagements.

7. Aufgabe

Situation: Die Center Warenhaus GmbH hat aufgrund einer Marktuntersuchung festgestellt, dass der Anteil der älteren Kunden in ihrem Einzugsbereich stark zugenommen hat. Man plant deshalb Maßnahmen, um das Unternehmen für diese Kundenschicht attraktiver zu gestalten.

7.1 Erläutern Sie drei Maßnahmen, welche die Center Warenhaus GmbH auch für ältere Kunden attraktiver machen.

7.2 Beschreiben Sie drei Möglichkeiten, wie die Mitarbeiter auf die Betreuung älterer Kunden vorbereitet werden können.

Bildquellenverzeichnis

|Alamy Stock Photo (RMB), Abingdon/Oxfordshire: Onkel66 15.1. |Becker, Steffie, Unkel: 162.2, 163.1, 163.2. |Charfreitag, Claudia, Erkelenz: 20.1. |Foto Stephan - Behrla Nöhrbaß GbR, Köln: 7.1, 16.2, 20.2, 22.1, 38.1, 40.1, 44.1, 45.1, 46.1, 46.2, 47.2, 69.1, 74.1, 88.1, 109.1, 116.1, 118.1, 146.1, 152.1, 158.1, 165.1, 169.1, 170.1. |fotolia.com, New York: 16.3, 41.1, 49.1, 51.1, 51.2, 51.3, 51.7, 51.8, 51.10, 51.11, 62.2, 68.1, 68.2, 68.3, 76.1, 77.1, 96.3, 101.6, 102.4, 115.1, 115.2, 115.3, 126.1, 126.2, 129.1, 129.2, 130.1, 130.2, 130.3, 130.4, 138.1, 138.2, 138.3, 138.4, 139.1, 139.2, 139.3, 140.1, 140.2, 140.3, 141.1, 142.1, 143.1, 143.2, 144.1, 144.2, 144.3, 145.1, 156.1, 162.1, 174.1; adoleo 52.1; Apple 16.1, 21.3, 23.2; Barbara Helgason 12.1, 12.2, 12.4, 13.2, 13.3, 33.1, 37.1, 37.2, 59.1; Bilderbox 79.1; createur 51.9; Dierks, Janina 150.1; Eisenhans 76.2; jacobx 12.3; Lucky Dragon USA 131.1; Marius Graf 13.1; Otmar Smit 30.1; PHILET-DOM 21.2; photocrew 25.1; racamani 96.1; refresh(PIX) 51.4, 62.1; Smit, Otmar 28.1; vektorisiert 51.5, 51.6, 62.3. |integra Software Services PVT Ltd, Pondicherry: 21.1, 22.2, 23.1, 50.1, 81.1, 82.1, 82.2, 82.3, 82.4, 83.1, 88.2, 88.3, 88.4, 88.5, 89.1, 89.2, 89.3, 89.4, 91.1, 91.2, 91.3, 92.1, 92.2, 92.3, 93.1, 93.2, 100.1, 100.2, 101.1, 101.2, 101.3, 101.4, 101.5, 102.1, 102.2, 102.3, 103.1, 103.2, 104.1, 104.2, 105.1, 105.2, 105.3, 106.1, 122.2, 142.2, 145.2. |iStockphoto.com, Calgary: 58.1. |Microsoft Corporation: 17.1, 43.1, 57.1, 96.2, 123.1. |Nova Development, Calabasas, CA: 42.1, 71.1, 71.2, 121.1. |PantherMedia GmbH (panthermedia.net), München: Mainka, Markus 21.4. |Picture-Alliance GmbH, Frankfurt/M.: dpa-infografik 172.1. |stock.adobe.com, Dublin: 56.1, 127.1; contrastwerkstatt 45.2, 47.1; drubig-photo 122.3; JackF Titel, Titel, Titel; jd-photodesign 153.1; K.C. 168.1; unpict 122.1.